加快我国高速铁路建设研究

张夕和/著

经济管理出版社
ECONOMY & MANAGEMENT PUBLISHING HOUSE

图书在版编目（CIP）数据

加快我国高速铁路建设研究/张夕和著. —北京：经济管理出版社，2018.11
ISBN 978-7-5096-6063-8

Ⅰ. ①加… Ⅱ. ①张… Ⅲ. ①高速铁路—铁路运输发展—研究—中国 Ⅳ. ①F532.3

中国版本图书馆 CIP 数据核字（2018）第 229028 号

组稿编辑：陈　力
责任编辑：杨国强　张瑞军
责任印制：黄章平
责任校对：董杉珊

出版发行：经济管理出版社
（北京市海淀区北蜂窝 8 号中雅大厦 A 座 11 层 100038）
网　　址：www. E-mp. com. cn
电　　话：(010) 51915602
印　　刷：三河市延风印装有限公司
经　　销：新华书店
开　　本：720mm×1000mm/16
印　　张：9.75
字　　数：123 千字
版　　次：2018 年 11 月第 1 版　2018 年 11 月第 1 次印刷
书　　号：ISBN 978-7-5096-6063-8
定　　价：48.00 元

联系地址：北京阜外月坛北小街 2 号
电话：(010) 68022974　　邮编：100836

一部专论中国高铁建设的精心之作

郑新立

（中国国际经济交流中心副理事长）

本书由中国社会科学院经济管理出版社出版发行，这是一件值得庆贺的事情。当前，社会对高铁的安全性和高铁建设速度存在一些非议。本书针对社会关心的问题，特别是对我国高铁技术和加快高铁建设的必要性以及高铁“走出去”等问题，进行科学分析论证，为高铁建设创造良好的舆论环境，取得各方面的支持，具有重要的现实意义。笔者长期在铁路建设企业的工作经历，为本书的出版提供了有利条件。

高铁技术是系统集成创新的一个杰作。改革开放之初，邓小平同志访问日本时，专门乘坐了新干线。新干线是20世纪60年代修建的铁路，时速达到240千米。而中国的铁路客车时速当时仍停留在六七十千米的水平。具有光荣革命传统的铁路战线的广大技术人员和职工不甘落后，奋起直追，通过引进、比较、消化、吸收、再创新，用20多年坚持不懈的努力，成功地创造出了具有自主知识产权、全球领先的全套技术。这是国人的骄傲，也为国有企业争了光。本书对高铁技术的先进性进行了专门评价，对技术创新的过程进行了分析，使我们坚信，后发展国家实现技术的跨越式发展是完全可能的。

高铁是一个典型的资本、技术、劳动密集型产业，建设高铁，需要巨额资金。要不要加快高铁建设？特别是在铁路建设运营企业负债率已经比较高的情况下，银行要不要继续给予贷款支持？在出现事故的情况下，高铁建设是否应全部停下来？这些问题迫切需要加以回答。本书没有回避矛盾，而是针对问题进行科学冷静的分析，从而得出不是人云亦云的结论。笔者全面分析了我国人口多、地域广的基本国情；分析了与公路运输相比，铁路占地少、成本低的优势；分析了我国的经济发展水平及城市化对运量的需求。由此得出了必须加快高铁建设的正确结论。本书指出，在高铁大规模建设阶段，负债率高一些是必然的、合理的，一旦高铁网形成，就将进入盈利阶段，还债付息根本不成问题。相反，突然叫停高铁建设，必将形成一大批“半拉子”工程和呆坏账。因此，银行不仅不应减少而应增加对高铁建设的贷款支持，以缩短建设周期，争取早日盈利。技术创新总是有风险的，特别是首台（套）设备的使用。出了事故，应做具体分析，特别是管理上的原因而非技术上的原因，有关领导应主动承担责任。对有关技术创新人员应适当安慰，帮助查找原因，不应给予处分。总之要允许失败。本书对此做了正确的分析。

高铁应“走出去”，为沿丝绸之路各国互联互通，实施“一带一路”倡议提供支撑。从一百多年前外国人到中国修铁路，到今天我们去国外修铁路，这是一个非常大的变化！本书对高铁“走出去”的前景进行了预测，对如何“走出去”提出了可行的建议。这是一个亮点。

希望本书的出版和传播，能够对我国高铁技术的持续进步和高铁的发展起到鼓舞作用，对增强我国自主创新能力，攻克目前尚未掌握的“卡脖子”技术起到鼓舞作用，对增强我国人民的自信心起到鼓舞作用。

前言

我国高速铁路的发展与世界先进国家相比，起步晚了二三十年。改革开放40年来，随着国民经济的快速发展，中国发生了翻天覆地的变化。各行各业引进技术，研发创新，“敢上九天揽月，敢下五洋捉鳖”。载人航天，潜艇入海，新技术日新月异，新纪录连续刷新。在人类活动空间进一步拓展的同时，高铁发展的滞后，日益影响经济社会发展的实际状况与国情国力状况。2004年，党中央、国务院针对高铁发展确定了“引进先进技术、联合设计生产、打造中国品牌”的总体要求，提出了“先进、成熟、经济、适用、可靠”的基本方针，主要领导多次主持研究铁路机车车辆装备有关问题。相关部门积极跟进，开辟产、学、研相结合新路，大力推进原始创新、集成创新和引进吸收消化再创新，成功搭建了世界最先进的高速动车组技术平台、最大功率电力机车技术平台，建成了世界一流的高速铁路，走出了一条中国特色的铁路技术装备现代化之路，实现了由追赶到超越再到引领的嬗变。近年来，我国高铁发展迅速，在世界上获得了较高声誉，被称为国家的名片和中国“新四大发明”之一，成为各国政要感受中国速度的“必备”项目。高速铁路的“中国品牌”，使中国铁路不再是外国的市场，也不再成为外国企业的附庸和加工厂，高速铁路为中国品牌树起了一个样板与标杆。

据《人民铁道》报道：2004 年研究启动；2008 年，中国第一条运营时速达 350 千米的京津城际铁路开通运营；2014 年，中国高铁运营总里程超过 16000 千米；2017 年底，我国铁路运营历程达到 12.7 万千米，其中高速铁路突破 2.5 万千米，占世界高速铁路总量的 2/3。动车组承担客运比重近 50%，运输服务多样性、选择性、舒适性和便捷性不断增强。中国高铁发展速度之快、建设规模之大、运输能力之强，以及对经济、社会产生的重大影响，举世瞩目。当前，中国拥有当前世界最现代化的铁路网和最发达的高铁网，铁路电气化率、客运周转量、货运发送量、换算周转量、运输密度等指标位居世界第一，高速铁路功不可没。从“和谐号”到“复兴号”的升级，意味着我国高速铁路发展向更快、更好、更舒适的目标迈进。高速铁路已日益融入人们的生活，并对经济社会发展发挥着越来越重要的促进作用。高铁经济应运而生并蓬勃发展，日益显示出其强大生命力。

与此同时，“一带一路”倡议又为我国实施“走出去”倡议和高铁“走出去”提供了新机遇。在发展国内高铁的同时，我国重视与世界各国高铁建设的合作，目前已陆续与土耳其、英国、巴西、俄罗斯、法国等 30 多个国家开展了不同形式的合作，中国第一条真正意义上“走出去”的高铁——土耳其安伊高铁已建成通车。高铁经济的提出和国内高铁的迅猛发展吸引了全球的目光，也使得高铁走向海外成为必然。如何利用高铁技术优势，实施“走出去”倡议，使高铁的火车头转变为推动经济高速发展的引擎，具有重要的理论意义和现实意义，且极为迫切。

然而，由于高铁在我国起步较晚，对高铁发展的相关介绍、研究、论述相对匮乏，发展中又出现了一些问题，致使舆论甚至争论较多，众说纷纭，莫衷一是。首先，本书是一本科技普及读物，在介绍高铁与高铁技术的基础上，阐述了高铁的优势和国内外建设现状。其次，本书分析了加快高速铁路建设对我国国民经济和社会发展的重大影响以及我国高铁建设成就对世界的影响；分析了当前加快我国高速铁路建设的重要意义和可行性，进而提出了加快我国高速铁路建设对我国实施“一带一路”倡议、高铁“走出去”倡议认识和看法；分析了高铁“走出去”的必然性、必要性及其重要意义；分析和论述了高铁“走出去”具备的条件、存在的机遇和挑战，以及高铁“走出去”亟须解决的配套政策与措施；分析了“走出去”对相关国家影响及对区域经济发展优势互补，实现区域经济一体化、共同协调快速发展的贡献和意义。最后，本书就当前有关高铁的一些争论和热点进行了罗列及论述，对世界高速铁路的发展趋势进行了展望，以期与对我国高速铁路发展感兴趣的同仁进行交流、探讨。尽管出于以上初衷和考虑，本书还是存在描述性内容偏重，理论阐述较少，相关分析不够详细和深入等不足。但仍然希望本书能对推动我国高铁加快发展，高铁“走出去”及探讨高速铁路“中国品牌”的创造与树立，对于其他行业学习、借鉴有所裨益。

本书以争论和展望收篇，没有给出具体、明确的总结和结论。但笔者作为我国铁路建设劲旅——中国铁建的老员工，长期从事铁路建设，是我国高速铁路发展历程的参与者、见证者，通篇的介绍和论述体现出笔者是个坚定的发展高铁的支持者和实践者。本书给出了系统性发展我国高速铁路的意见、建议和措施，以及高铁“走出去”的思路和建议，包括政府的、企业的，宏观层面的、微观层面的，其中不乏创新性成果和见解。本书在笔者博士论文的基础上修订而成。本书对诸如专利、专有技术因尚属保密及个人能力所限等存在的不足做了说明。

目录

第一章

高铁与高铁技术

高速铁路作为低碳、环保、绿色的交通工具，以及对国家、区域经济社会发展的巨大影响，正越来越受到更多国家的重视。目前不仅日本、法国、德国、西班牙等发展高速铁路比较早的国家在继续修建高速铁路新线，俄罗斯、美国、印度、巴西、阿根廷、印度尼西亚、土耳其、波兰、伊朗、越南等国家，也都制定了高速铁路发展规划。那么，高速铁路的定义是什么呢？纵观各国对高速铁路的规定，时代不同，标准各异。

第一节　高速铁路的含义

世界历史上不同的国家对高速铁路有过不同的规定，当前由于铁路时速的提升和技术的发展，高铁的标准有进一步提高的趋势。

欧洲：国际铁路联盟（UIC，非政府铁路组织）在 20 世纪中期把旧线改造时速达到 200 千米，或新建时速达到 250~300 千米的铁路定义为高速铁路。1985 年，联合国欧洲经济委员会（官方组织）在日内瓦签署的国际铁路干线协议中规定：新建客货运列车混用型（简称客货共线）高速铁路时速为250千米以上，新建客运列车专用型（简称客运专线）高速铁路时速为350千米以上定义为高速铁路。

日本：作为世界上最早开始发展高速铁路的国家，日本政府为制定全国新干线铁路发展法律，在1970年发布了第71号法令，对高速铁路的定义是，凡一条铁路的主要区段，列车的最高运行速度达到200千米/小时或以上者，可以称为高速铁路。

美国：美国联邦铁路管理局对高速铁路定义为最高营运速度高于145千米/小时的铁路，但从美国社会大众的角度，“高速铁路”一词通常指营运速度高于160千米/小时的铁路服务，这是因为在当地除了阿西乐快线（最高速度240千米/小时）以外并没有其他营运速度高于128千米/小时的铁路客运服务。

中国：中国国家铁路局的定义为：新建设计开行时速250千米（含预留）及以上动车组列车，初期运营速度不小于200千米/小时的客运专线铁路。其特点：新建异于既有线改造提速，时速不低于250千米及客运专用性。

还有一些国家陆续提出自己的高铁标准和定义。本书所使用的高铁概念按我国国家铁路局的概念与标准，范围包括高速铁路和新建设计时速为200千米的快速铁路，并且包括线路和机车运营在内的整个高铁网络系统。

第二节 高速铁路的主要技术

一、高速铁路线路技术模式

目前，世界上高速铁路各具特色的建设模式归纳起来主要有以下几种技术模式：

日本新干线模式：全部修建新线，轨距 1435 毫米，旅客列车专用，与既有线（轨距 1067 毫米）不连通，互为独立系统。

法国 TGV 模式：修建新线同时，部分改造既有线，旅客列车专用，与既有线实现连通。

德国 ICE 模式：部分修建新线，部分改造既有线，实现连通，旅客列车和轻快货物列车混用。

英国、瑞典摆式列车模式：既不建设新线，也不对既有线改造，主要采用摆式车体的列车提高旅客列车速度，并与货物列车混用。

中国高铁 CHSR 模式：全部修建新线（旧线路难以改造，改造成本高，甚至超过新建），旅客列车专用，与既有线可以连通。

随着高速铁路在全世界的不断延伸，技术、运营里程增加，装备水平不断提高，在原来逐步形成的以日本、法国、德国 3 个高速铁路技术原创国为代表的适合各自国情和发展状况，各自独立、各具特点的高速铁路技术体系的格局下，中国高铁随着运营里程的大幅增加及越来越多完全技术产权的确立，日益成为全球关注的焦点乃至世界高铁的引领者。

二、高速铁路主要技术参数

（一）核心技术及速度目标选择

提高列车的运行速度是铁路赖以生存和适应社会发展的唯一出路。运行速度是高速铁路的技术核心。近百年来，世界各国采用各种措施竞相提高高速铁路的运行速度。技术引领下，世界主要国家高速铁路的试验速度、运营速度不断提高。1990 年 5 月 18 日，法国 TGV 的试验速度达到了 515.3 千米/小时；2007 年 4 月的试验速度达到了 574.8 千米/小时。如图 1-1 所示。

图 1-1 2007 年 4 月法国 TGV 的试验速度达到了 574.8 千米/小时

图片来源：高铁网。

跨入 21 世纪，2001 年 5 月 26 日，TGV 高速列车从法国的加来跑到马赛，全程 1067.2 千米，只用了 3 小时 29 分钟 47 秒。其中前 1000 千米只有 3 小时 9 分钟，平均运行速度达到了 317.5 千米/小时；最高运行速度达到了 366.6 千米/小时。

目前，具有高速行车技术优势的法、德、日等国都在计划实现时速 350 千米/小时最高运营速度的目标。韩国、俄罗斯、澳大利亚及中国台湾等，其设计最高速度均选择了 300 千米/小时或 350 千米/小时。

我国高铁技术日新月异，速度目标值也不断提升，2010 年 12 月 3 日 11 点 28 分，在京沪高铁山东枣庄至安徽蚌埠间的先导段联调联试和综合试验中，拥有自主知识产权的国产“和谐号”CRH380A 新一代高速动车组最高运行时速达到 486.1 千米。这是继 9 月 28 日沪杭高铁试运行创下时速 416.6 千米之后，中国高铁再次刷新世界铁路运营试验最高速。如图 1-2 所示。

图 1-2　2010 年 12 月 3 日京沪高铁联调联试速度达到了 486.1 千米/小时

图片来源：高铁网。

时隔一年，2011 年 12 月，中国南车制造的 CIT500 型动车试验时速达到了 605 千米，打破了法国 TGV 公司 1990 年创造的试验速度 515.3 千米/小时和 2007 年 4 月创造的试验速度达到 574.8

千米/小时的最高纪录。

（二）轨道结构及优势比较

轨道是保证高铁高速、安全运行的前提和重要组成部分。目前，高速铁路轨道结构主要类型分为有砟轨道和无砟轨道。有砟轨道是铁路的传统结构，随着行车速度的提高，维修工作量显著增加，维修周期明显缩短。据德国高速铁路统计资料，当行车时速达到 250~300 千米时，其线路维修费用约为行车时速 160~200 千米时的 2 倍。日本对高速铁路桥上的有砟轨道与无砟轨道维修费用进行的统计分析表明，有砟轨道线路维修费用比无砟轨道高 111%。无砟轨道初期造价高，但具有使用寿命长、保持线路稳定状况好、维修工作量小等优点，因此在高速铁路发展进程中获得了越来越广泛的应用。

1964 年开通的日本东海道新干线采用传统轨道结构，未采用无砟轨道。随着对有砟轨道与无砟轨道两种轨道结构优势、劣势的比较与认识，日本其后修建的高速铁路采用无砟轨道的比例总体呈逐步增加趋势。1972 年开通的山阳新干线东段（大阪—冈山）占 5%。1975 年开通的山阳新干线西段（大阪—福冈）占 69%。1990 年开通的上越新干线（大宫—新潟）占 95%。1991 年开通的东北新干线（东京—盛冈）占 91%。1997 年开通的北陆新干线（高崎—长野）占 88%。

德国 20 世纪 70 年代修建的高速铁路，无砟轨道仅占 30%以下。1998 年开通的柏林—汉诺威高速铁路，无砟轨道比例达到 34%。2002 年开通的科隆—法兰克福高速铁路，无砟轨道比例达到 68%。亦呈现无砟轨道占比逐步提高趋势。

法国一直以来是以有砟轨道为主发展高速铁路的国家，目前已逐步认识到无砟轨道的优越，开始无砟轨道的研究、试验及铺设工作。

资料显示，日本高速铁路无砟轨道造价约为有砟轨道的1.3~1.5倍，德国为1.3~1.7倍。由于无砟轨道维修费用明显较少，耐久性、稳定性好，综合经济效益高（投资差额约在12年左右收回），越来越显示出其具有的优势。

（三）桥隧工程及占比

出于高铁时速和安全考虑，高速铁路运行采用全封闭行车模式，线路平纵面参数限制极为严格，要求轨道具有较高平顺性，从而使高速铁路桥梁、隧道比例明显增大。尤其在人口稠密地区和地质不良地段，为了跨越既有交通路网、节省农田、避免高大路基和不均匀沉降，大量采用桥梁和高架、隧道线路。

同样基于上述原因及考虑，在各国铁路建设标准中，高速铁路均选取了较大的隧道断面。法国地中海线高速铁路隧道断面为100平方米，德国科隆—法兰克福线高速铁路隧道断面为92平方米。

据统计，桥隧工程占高速铁路线路长度的比例，日本东海道新干线为47%，东北、山阳、北陆、上越新干线分别为95%、89%、83%、99%；法国TGV东南线为6%，大西洋线、北方线、巴黎环线、里昂—瓦郎斯线分别为18%、22%、29%、37%；德国曼海姆—斯图加特、法兰克福—科隆、汉诺威—威尔茨堡线分别为34%、22%、49%。

（四）运行控制系统及标准规范

日本新干线列车运行控制ATC系统，早期为模拟ATC系统，后采用基于有绝缘轨道电路的ATC系统，现已逐步发展成为数字ATC系统。信息均由车上存贮和地面传输相结合，以机控为主，为目标距离连续速度控制模式。

法国高速铁路列车运行控制系统先是采用基于无绝缘轨道电路的 UM71/TVM300 系统，后采用 UM2000/TVM430 列车运行控制系统。信息均由轨道电路传输，为分级速度控制模式。

德国高速铁路列车运行控制 LZB 系统，采用轨道电缆为地面控制中心与机车之间信息传输通道的方式，信息均由轨道电缆传输，为连续式速度控制模式。

日本数字 ATC 系统、法国 UM2000/TVM430 系统及德国 LZB 系统三种高速铁路列车运行控制系统均各自拥有大量专有技术，相互间不兼容，技术平台不开放。

1990 年，欧洲铁路组织提出了统一欧洲信号技术的铁路运营管理系统（简称 ERTMS）/列车控制系统（简称 ETCS）标准。2001 年，欧盟正式通过法律，要求今后新建高速铁路线，均采用 ERTMS/ETCS 技术标准，法国 UM2000/TVM430、德国 LZB 等高速铁路列车控制系统将被 ETCS 系统所取代。

（五）牵引供电及方式选择

世界各国的高速铁路，无一例外地采用了电力牵引方式。

供电制式：目前，世界各国大都以单相、工频 50 赫兹、25 千伏供电制式为主。但德国仍沿用了 162/3 赫兹、15 千伏低频供电制式。

牵引供电方式：除德国以外（德国高速铁路采用直接供电方式），各国 300~350 千米/小时高速铁路建设和运营，均采用 AT 供电方式。AT 供电方式在供电能力和减少牵引供电系统的薄弱环节——电分相方面更适应高速铁路旅客列车的需要，同时可明显改善沿线电磁环境并降低建设成本。

电力系统供电电压等级：日本新干线，主供电压是 154 千伏和 275 千伏；法国 TGV，主供电压是 225 千伏，大西洋线部分区段采用 400 千伏供电；西班牙高速铁路采用 220 千伏供电。数据表明并需要指出的是，采用较高的供电电压可以改善供电质量，但同时要综合考虑电力系统的改造费用。

接触网悬挂方式：高速铁路接触网悬挂方式有以法国为代表的简单链型悬挂、以德国为代表的弹性链型悬挂和以日本为代表的复链型悬挂三种方式。法国境内的 TGV 高速线大西洋线、北方线、地中海线等均采用简单链型悬挂（只有第一条高速铁路——东南线采用弹性链型悬挂）。德国境内所有高速线全部采用弹性链型悬挂。由德国公司承建的西班牙马德里—巴塞罗那高速铁路也采用弹性链型悬挂。日本境内除长野新干线采用简单链型悬挂以外，其余新干线全部采用复链型悬挂。目前，韩国在建的首尔—釜山高速铁路采用法国大西洋线技术，为简单链型悬挂。我国台湾高速铁路采用日本新干线技术，用复链型悬挂。

为了实现高速铁路列车的自由跨国运行，欧洲铁路联盟于 2002 年 10 月颁布了新的欧洲标准《受流系统——弓网配合技术准则》，对弓网受流质量提出了量化要求。按照该技术准则，不管采用何种悬挂方式和受电弓，只要满足规定的受流质量标准就可以跨国运行。目前德国和法国采用的不同悬挂方式，均能满足上述要求。

（六）动车组列车及技术开发趋势

当前，国外高速铁路动车组列车已普遍采用了轻量化铝合金车体、大功率交直交牵引传动、高可靠性无摇枕转向架、微机控制电空联合制动以及基于计算机和网络技术的列车控制和旅客信息系统等技术。

在动力配置方式方面，日本采用独立式动力分散型动车组，法国采用铰接式动力集中动车组，德国兼有独立式动力分散和动力集中两种动车组。由于动力分散型动车组比动力集中动车组在高速运用条件下具有相对明显的优点，原采用动力集中技术的国家在开发时速 300 千米及以上高速铁路动车组时，也选择了动力分散技术。在当前技术条件下，动力分散型动车组成为高速铁路动车组的发展趋势。

当前，我国铁路坚持原始创新、集成创新和引进消化吸收再创新相结合，系统掌握了时速 250 千米和时速 350 千米及以上速度等级的高速铁路成套技术，构建了具有自主知识产权和世界先进水平的高速铁路技术体系。

三、高速铁路主要技术标准体系

目前高速铁路主要技术标准局限于各个国家或区域范围内，各国家、区域自定标准，自行其是，没有任何国际标准组织出台系统的铁路建设标准。欧盟被认为具有最为完整的高速铁路技术法规及标准体系，国际铁路联盟（UIC）有几个关于高速铁路建设方面的标准，但都不成体系，也不具有全球影响力。

（一）国际铁路联盟（UIC）

国际铁路联盟是世界性铁路组织，是目前在联合国唯一具有观察员资格的国际铁路合作组织。其主要标准化工作重点在国际联运以及与联运有关的装备技术要求，产品标准的规范不是 UIC 的主要目标。国际铁路联盟下设客运、货运、财政、运营、牵引、机车车辆、固定设备、信息和科研及战略规划 9 个专门的委员会。UIC 没有针对高速铁路设立专门委员会，虽然制定了少数几个明确用于高速铁路的规程，但没有形成独立的体系。一些标准是在通用标准中分级规定，执行中可以按不同速度等级的具体要求选择，对号入座。

（二）欧盟

欧盟为了确保跨欧洲高速铁路能够跨越边界，安全、可靠地实现互通运行，建立了结构层次清晰、相互协调支持、充分考虑成本—效益经济性、具有较高可操作性并内容详尽的技术法规和标准体系架构，从而使欧洲高速铁路成为基于共同技术标准的相互兼容的铁路系统。

欧洲高速铁路指令“跨欧洲高速铁路系统互通性的指令”（96/48/EC）及后来修订补充指令（2004/50/EC），对高速铁路系统的总体结构和功能提出了基本要求，并注重高速铁路运行系统的安全性、可靠性、有效性、健康、环境保护、技术兼容性，规范限定了高铁运行体系主要技术标准。为使各项规定更具有可操作性，指令对高速铁路基础设施和车辆进行了定义，并对铁路最小线间距、最小曲率半径、轨距、轨道最大受力、站台最小长度、站台高度、供电电压、悬链线几何尺寸、列车最大长度、车轴荷载、车辆边界特性、安全、噪声、振动、电磁干扰及残疾人车厢相关特性等参数进行了要求，具体技术参数则在相应技术规范（TSI）或技术标准（EN）中做了规定。

欧洲委员会目前已经发布了6个有关“跨欧洲高速铁路系统子系统方面互通性TSI”，涵盖了上述指令规定的所有8个子系统，并且将其中有关环境和使用者的内容融入了相应的TSI。

为了满足上述欧洲指令的基本要求和TSI的规定，欧洲标准化委员会（CEN）和欧洲电工标准化委员会（CENELEC）组织制定了技术内容更为详细的标准，对技术法规的实施予以配套支持。标准为自愿性质，欧盟要求各成员国把欧洲标准纳入本国标准。

在满足欧盟指令及技术规范，同时不影响实现相互操作性的前提下，各国也在及时制定和修订相应的国家标准，专业协会

（学会）制定相应领域的协会（学会）标准，技术装备企业也在自己技术研发的基础上，制定出反映企业核心技术、要求更高的企业标准。这些标准为欧洲高速铁路的发展提供了有力的技术支持，产生了极大的推动力。

（三）日本

日本政府于新干线运行的早期即颁布了相关的法律法规。日本运输省基于有关新干线建设的三次特别许可，于 1964 年发布了运输令第 70 号《新干线铁道构造规则》，作为新干线建设的技术标准。日本法务省于 1970 年通过的第 71 号法令《全国新干线铁道整备法》，明确了新干线的审批和确认实施的法律过程手续。

日本工业标准（JIS）是日本最权威的国家标准。其中关于铁路的标准，划分为线路通用、牵引供电、信号安全机器、铁道车辆通用、动力车、客货车几个小类，标准的主要内容涉及铁路产品的词汇、符号，零部件的设计制造要求及试验方法，整车检验规则等。日本同样未单独建立高速铁路标准体系，但日本工业标准（JIS）关于铁路的标准在实际应用中多数同样适用于高速铁路。

日本有相关的协会（学会）标准如日本铁路车辆工业协会标准（RIS 标准），涉及铁路车辆用金属材料、部件、焊接等各方面内容，以及相关企业标准，都实际应用于高速铁路装备的制造等方面。

（四）中国

我国从 20 世纪 80 年代开始关注并引进世界高速铁路技术，90 年代初启动高速铁路的科研和设计工作。1999 年开工建设的秦（皇岛）沈（阳）客运专线是我国铁路高速化的过渡项目，经过十几年的探索发展，在高速铁路发展进程中，我国逐渐形成了自己的标准体系。

高速铁路设计规范是我国高速铁路行业技术标准体系。高速铁路的标准体系涵盖高铁路基建设、高速动车、通信调度等很多方面，高铁的标准体系就是设计规范体系。

2005 年高速铁路设计规范暂行版和 2007 年高速铁路设计规范暂行版，均针对具体时速的铁路发布，自 2009 年版开始统一冠名，高铁规范不再分别设立。

2005 暂行版：2005 年分别发布的《新建时速 200~250 千米客运专线铁路设计暂行规定》《新建时速 300~350 千米客运专线铁路设计暂行规定》，总结了以往特别是 2004 年以来的建设经验，属于初期探索版。其中的新建时速 250 千米客运专线铁路、新建时速 300~350 千米客运专线铁路，后来明确规定都属于高速铁路范围，其规范也就属于高速铁路设计规范。

2007 暂行版：2007 年发布《新建时速 300~350 千米客运专线铁路设计暂行规定》，对 2005 年版进行了修订。

2009 试用版：是在总结梳理从 20 世纪 90 年代初至启动京沪高速铁路前期工作时有关高铁技术标准基础上，研究制定并发布的框架性技术标准。该规范结合多年来的基础理论研究和科技攻关、学习借鉴国外相关技术以及自主创新实践和建设运营经验，是较以前更系统完整、经济适用，更能反映高速铁路发展方向的《高速铁路设计规范》。

2014 正式版：国家铁路局 2014 年 12 月 22 日批准发布，2015 年 3 月 1 日起正式实施的《高速铁路设计规范 2014》，是在系统总结中国时速 250~350 千米高速铁路建设、运营实践经验，全面修订 2009 年《高速铁路设计规范（试行）》的基础上，正式发布的中国第一部高速铁路设计行业标准和高铁规范。经过以前十多次更新完善，高铁建设已具规模，运用里程国际占比大幅提升，新线建设如火如荼的背景下出台的全面的标准体系，在国际上尚属首次。将为中国高铁发展以及高铁“走出去”提供系统规范的成套建设标准支撑。

四、高速铁路施工关键技术

（一）线路高平顺、高稳定技术

确保线路的高平顺、高稳定是建造高速铁路的关键，线路的高平顺、高稳定，必须以高平顺的空间线形、高稳定的轨道结构、高性能的轨道设备和线形、轨道的精准定位为基础。

1. 空间线形技术

在大速差共线运行模式下，关键技术为平面曲线半径、缓和曲线、曲线超高等参数选取方法；列车在线形各变化点产生的冲击、振动不叠加条件下，所需夹直线和圆曲线长度限值；适应地形最大坡度与坡段长度匹配的选值等技术难题。

2. 无砟轨道技术

无砟轨道是高速铁路的关键部件，因其整体性强，能提供更大的线路纵、横向阻力，从根本上消除了道床的累积变形，从而显著提高了列车运行速度，减少维修工作量和对行车的干扰，提高列车运行的平稳性和旅客乘坐舒适性。但多年来相关技术一直被德国、日本等国家垄断。中国高铁建设初期，通过对各种类型的无砟轨道进行引进、消化吸收和技术创新、试验验证和工程实践，形成了中国无砟轨道及线下基础成套技术。在日本板式轨道的基础上经技术经济优化形成了我国的 CRTS Ⅰ 型板式轨道，在德国博格板式轨道的基础上形成了我国的 CRTS Ⅱ 型板式轨道。2008 年至今，为了研发我国原创技术的无砟轨道结构，打造中国无砟轨道“自品牌”，适应中国高铁“走出去”倡议需要，中国铁路总公司统一部署设计、施工单位联合攻关，研发出了我国完全自主知识产权的无砟轨道结构——CRTS Ⅲ型板式无砟轨道。并于2016年4月起开始在郑（州）徐（州）高速铁路接受连联调联试，这是国内高铁首次大规模采用具有完全自主知识产权的无砟轨道。CRTS Ⅲ型板式无砟轨道运用于时速350千米的铁路干线，是一个重大突破。目前我国高速铁路采用的无砟轨道结构型式如图1-3所示。

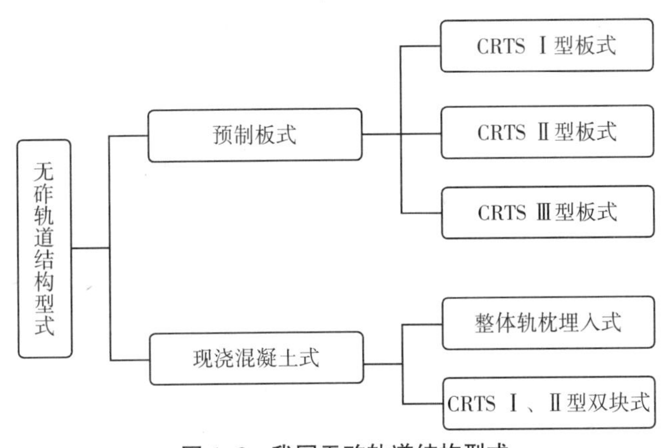

图1-3 我国无砟轨道结构型式

图片来源：高铁网。

3. 线形精确定位技术

针对高速线路高平稳要求，建立勘测、施工、养修三阶段平面和高程统一基准的精密测量控制网；通过三级平面和二等水准高程控制，定位精度可达到毫米级。如2018年7月26日，湖北襄阳，重达5400吨的郑万高铁汉江特大桥连续梁顺时针旋转66.48度，完美实现“托马斯回旋”，精准毫米级对接，转体跨越焦柳铁路。①

① 资料来源：腾讯新闻。

（二）高速铁路的安全技术

1. 线路基础设施施工技术

（1）路基沉降变形控制技术。

为了能保证轨道的高平顺，高速铁路路基沉降要求远高于普通铁路，如 160 千米/小时的普通铁路工后沉降为 200 毫米（120 千米/小时标准为 300 毫米），而 250 千米/小时以上高速铁路的工后沉降无砟为 15 毫米（有砟为 50 毫米），路桥、路隧差异沉降不大于 5 毫米，过渡段沉降造成的路基与桥梁或隧道的折角不大于 1/1000。

这就要求高速铁路路基主体工程需按土工结构物进行设计施工，路基基底根据不同地质条件采用挖除换填、水泥搅拌桩、旋喷桩、CFG 桩（见图 1-4）、预制管桩等进行地基加固措施来控制沉降；填料选用级配良好的 A、B 组料（见图 1-5），分层填筑，分层碾压（见图 1-6）；路桥、路隧过渡段采用刚性过渡段（见图 1-7）；施工运营期间需对路基变形沉降进行观测及评估。

图 1-4 CFG 桩地基处理

图片来源：中铁十六局集团新闻中心。

图 1–5 机械化生产 A、B 组路基填料

图片来源：中铁十六局集团新闻中心。

图 1–6 路基过渡段分层填筑、碾压

图片来源：中铁十六局集团新闻中心。

图 1–7　路桥、路隧过渡段采用刚性过渡段

图片来源：中铁十六局集团新闻中心。

（2）桥梁建造技术。

为了能保证轨道的高平顺性，高速铁路需针对不同类型桥跨结构进行车—线—桥耦合动力仿真分析，优化桥梁结构动力性能；需通过采用整孔箱型截面梁、钢筋混凝土墩台，提高桥梁结构刚度与整体性（普通铁路一般采用 T 形梁）；需通过严格控制预应力混凝土梁部结构的徐变上拱度和桥梁基础的工后沉降及在设计中采取调高支座等措施来满足沉降要求。

高铁设计使用期限为 100 年，为使预制箱梁达到设计要求的使用寿命，需通过采用高性能混凝土从混凝土耐久性，混凝土强度和弹性模量等方面进行研究和控制，提高混凝土强度来提高耐久性。

预制梁场、提运架梁流程见图 1–8、图 1–9、图 1–10、图 1–11。

图 1-8 预制梁场

图片来源：中铁十六局集团新闻中心。

图 1-9 提梁机提梁

图片来源：中铁十六局集团新闻中心。

图 1–10 运梁车背梁

图片来源：中铁十六局集团新闻中心。

图 1–11 架桥机架梁

图片来源：中铁十六局集团新闻中心。

为满足跨越江、河、立交道路等需要，高速铁路修建了多种形式的特殊结构桥梁。各种大跨度新结构桥梁均进行车—线—桥动力仿真计算和风洞模型试验。京沪高铁南京大胜关长江大桥主桥采用 108+192+336+336+192+108 米连续钢桁拱桥（见图 1–12）。京广高铁郑州黄河大桥为公铁两用桥，主跨为 168 米连续钢桁梁部分斜拉桥，主梁采用三片主桁构造，斜腹板，正交异性板钢整体桥面（亦称矮塔斜拉桥，见图 1–13）。武汉天兴洲大桥是世界上最大的公铁两用桥，也是世界上第一座按四线铁路修建公铁两用斜拉桥，京广高速铁路和沪汉蓉客运专线共用（见图 1–14）。南汉主桥为 98+196+504+196+98 米双塔三索面三主桁公铁两用钢桁梁斜拉桥，主跨为 504 米钢桁梁。

图 1–12 京沪高铁南京大胜关长江大桥

图 1-13　京广高铁郑州黄河大桥

图 1-14　武汉天兴洲大桥

（3）隧道技术。

为满足空气动力学技术要求，高速铁路隧道断面面积较普通铁路大，如 350 千米/小时高速铁路双线隧道断面面积为 100 平方米，开挖断面更是达到了 152.4 平方米（Ⅴ级围岩）、250 千米/小时为 92 平方米，而 160 千米/小时的普通铁路仅为 76 平方米；高速铁路隧道口需设置缓冲结构。耐久性、抗震设计、支护设计及防灾救援设计要求更高。

目前，我国通车运营铁路隧道已达 9000 余座，总长度超过 6000 千米，居世界第一，如 2007 年 12 月建成的最长的高速铁路隧道——石太线太行山隧道（见图 1–15），全长达 27.839 千米，隧道最大埋深 445 米。

图 1–15 石太客专太行山隧道效果图

图片来源：中铁十六局集团新闻中心。后同。

2005 年 12 月开工、2011 年 3 月建成的广深港客专狮子洋隧道（见图 1–16），全长 10.8 千米，通过地质为强—弱风化砂岩和砂砾岩，其中 6.1 千米段落位于江下，最大水头 67 米。狮子洋隧道下穿广东珠江口狮子洋河段，是我国第一座水下铁路隧道。

我国在高速铁路建设过程中解决了长大隧道、岩溶隧道、冻土隧道、黄土隧道、水下隧道、高地应力软岩隧道 6 个系列的隧道施工难题。解决了高速列车在隧道内运行产生的空气动力学问题。确定了不同运行速度目标值隧道净空断面，制定了各项技术标准。确定了大断面隧道的支护衬砌参数及施工方法。确定了洞口结构型式。确定了长大隧道防灾救援的标准和措施预案。

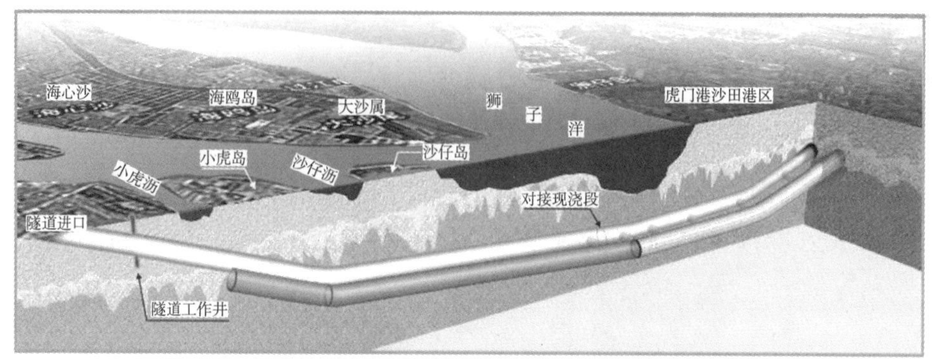

图 1–16　广深港客专狮子洋隧道地质剖面示意图

2. 高速列车安全与舒适技术

动车组是高速铁路的标志性装备，中国铁路在全面系统引进动车组设计和制造技术的前提下，重点引进、消化吸收了动车组总成、车体、转向架、牵引变压器、牵引变流器、牵引电机、牵引控制系统、列车网络控制系统、制动系统九大关键技术，实现了动车组在国内批量生产，关键技术、主要技术和配件的国产化，建立了可持续提升的 CRH 动车组开发技术平台。

中国高速动车组采用动力分散型，具有功率大、起动加速快等特点，车体采用大断面、通长中空铝型材实体结构，重联运行具有控制牵引和制动的一致性，实现了高速行车的安全、舒适。

3. 养护维修

运营期按照“精检慎修”的原则，采用固定检测和移动检测相结合的综合检测技术，在设置固定检测装置的同时，通过高速综合检测列车等，对轨道、接触网、通信信号等实施定期综合检测。根据检测结果，分析基础设施对高速列车运行性能的影响，预测基础设施损伤规律，指导养护维修。

中国自主研制的高速综合检测列车可实现对线路轨道、牵引供电、通讯信号等基础设施，轮轨和弓网接触状态及列车舒适性指标等进行高速动态时空同步检测，并具有实时数据传输、存储和分析处理功能。

通过构建适应高速的固定设备维修方式，提升养护维修质量，完善动车组运行监测、检修工艺和作业标准。

4. 防灾安全监控

为了保证高速列车的安全运营，铁路系统设立了暴雨、大雪、大风、洪水等自然灾害监测与报警系统；火灾、异物侵限、塌方落石等突发性灾害监测与报警系统；大型桥梁、长大隧道结构安全监测与报警系统。在长大隧道内设置了防灾救援设施。

（三）高速铁路运行控制系统可靠与高效技术

1. 通信系统

以传输及接入、电话交换、数据网、GSM-R 专用移动通信等设备为基础，包括调度、会议电视、救援指挥、动力环境监控和同步时钟分配等子系统，实现列控信息、话音、数据、图像等传输。

2. GSM-R 移动通信设备

核心节点按全路网络规划配置，时速 300~350 千米线路无线网支持 CTCS3 列控信息传送，某个基站发生故障时，相邻两个基站场强覆盖可以满足通信需要。提供调度通信、区间移动电话、通用数据传输、列控信息传输等功能。

3. 信号系统

信号系统是确保列车运行安全、正点、效率的关键技术设备，主要由调度集中、列车运行控制、车站联锁子系统组成。

4. 调度集中（CTC）

CTC 系统由调度中心（所）设备、车站设备和相关网络设备组成。采用双硬件、双网络冗余结构。其主要功能是：列车进路及调车进路的控制、列车运行状况集中监控、列车运行计划调整、临时限速设置等。

5. 高速列车运行控制系统

我国高速铁路在欧洲 ETCS Ⅰ、ETCS Ⅱ基础上自主创新，形成了 CTCS Ⅱ、CTCS Ⅲ列控系统。

CTCS Ⅱ列控系统是基于轨道电路+应答器的地对车单向信息传递，适用于 250 千米/小时高速铁路，可实现 3 分钟追踪。CTCS Ⅱ主要设备包括车载 ATP、列控中心、微机联锁、调度集中 CTC、应答器、ZPW2000 轨道电路。其系统功能为，由轨道电路实现列车占用检查、提供行车许可及闭塞分区数量；由应答器提供临时限速和进路信息、线路允许速度和闭塞分区长度等；由车载设备综合轨道电路、应答器信息和动车组参数，自动生成连续速度控制模式曲线，实时监控列车安全运行。

CTCS Ⅲ列控系统是基于 GSM-R 网络实现车地列控信息双向传递，适用于 350 千米/小时高速铁路，可实现 3 分钟追踪，其设备结构如图 1-17 所示。

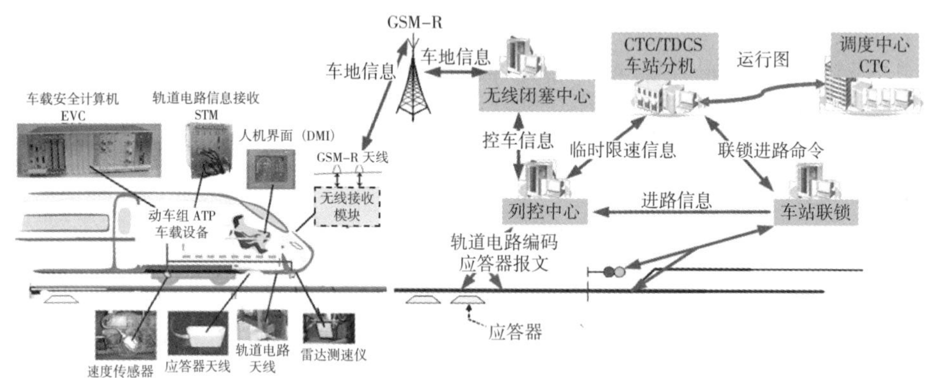

图 1-17　CTCS Ⅲ列控系统设备结构

CTCS Ⅲ列控系统功能如下：

无线闭塞中心 RBC：根据轨道电路、联锁进路等信息生成行车许可；通过 GSM–R 无线通信系统将行车许可、线路参数、临时限速传输给 CTCS Ⅲ级车载设备；通过 GSM–R 无线通信系统接受车载设备发送的位置和列车数据等信息。

GSM–R 网络：用于实现车载设备与地面设备之间连续、双向、大容量信息传输。

应答器：向车载设备传输定位和等级转换信息、传送线路参数和临时限速等信息，满足后备系统的需要。

轨道电路：实现列车占用检查。

车载设备：根据地面设备提供的行车许可、线路参数、临时限速等信息和列车参数，按照目标距离连续速度控制模式生成动态速度曲线，监控列车的安全运行。

（四）高速铁路动力牵引技术

动车组的核心是牵引传动系统。我国动车组均采用交直交传动，接触网上的交流电经过受电弓和变压器之后，被整流成直流，再逆变成交流通入异步牵引电机。

弓网关系：高速列车在运行的时候，列车速度越高，受电弓与接触网的良好接触就越难实现，这就是弓网关系。

轮轨关系（转向架）：高速下，轮对与钢轨之间的蠕滑、轮轨动力学、运动稳定性、曲线通过性能，这些基本上可以归纳到转向架中。

变流技术：要实现整流和逆变最根本的是器件，所以动车的运行必须要大功率的可控器件。其中以 IGBT 为代表。同时，逆变器和整流器的拓扑结构决定了输出的性能。另外，整流器和逆变器的控制技术也非常重要，而且控制技术牵涉到整车的运行策略和工况，难度非常高。

牵引电机控制技术：对牵引电机的控制一般是将逆变器和电

机作为整体进行控制的，现在最成熟的两种控制方法一个是矢量控制，一个是直接转矩控制。在具体的控制方法中，还有很多实现上的困难。在其中，会添加一些技术，比如无传感器技术，非线性解耦等。

再生制动：再生制动是一种非常环保的制动技术，它利用列车的动能发电，将电能返送到电网中去。再生制动技术本质上是控制技术，它不需要额外的主电气设备，它只是将电动机作为发电机，逆变器作为整流器，整流器作为逆变器。再生制动技术中最主要的，是如何保证返送回电网的电能的质量。

网络控制系统和列车运行系统：动车组通常动力较为分散，设备都分布在不同的车厢上，在高速运行中，如何使设备协调工作，消除延时，这是网络控制系统解决的。其中涉及信号传输、通信协议、车载计算机等技术。列车运行系统，主要针对外部和列车的协调。这其中包括区间闭塞技术、无线通信技术。

辅助供电系统：动车组 CRH 和和谐电 HXD 系列。动车组的牵引供电系统由接触网经受电弓到牵引变压器，牵引变压器变压后到牵引整流器，然后是牵引逆变器，最后到牵引电机。这是牵引供电系统。而车厢内照明、空气制动机和列车控制系统供电来源是由辅助变流器得到，在变压器后面有另一个绕组接出，接上辅助变流器。而控制电路和照明供电有专门的蓄电池备用。

（五）联调联试与试运行技术

联调联试采用高速试验列车（动车组或综合检测列车）与线路耦合、检测并进行运行试验，包括对供变电、接触网、动车组、通信、信号、路基、桥梁、隧道、轨道、道岔、调度指挥、客运服务等子系统的功能、接口匹配、运行安全、运输能力、系统技术进行调试、安全验证和评估，使之达到设计要求。联调联试是实现高速铁路整体目标的关键技术之一。主要技术接口如图 1–18 所示。

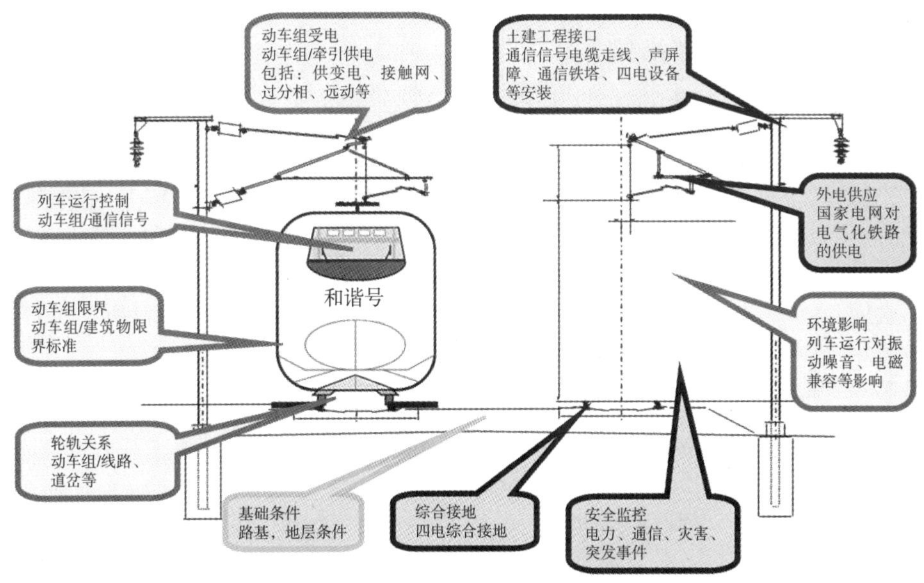

图 1–18 联调联试主要技术接口示意图

联调联试过程包括解决精调、系统优化等问题，运行试验结果是新建高速铁路竣工验收的重要依据。

联调联试后进行试运行，通过按实际运行图组织列车运行，对正常和非正常运行条件下的行车组织、客运服务以及应急救援等能力进行全面演练，验证高速铁路是否具备开通运营条件。

（六）环境保护技术

高速铁路与常速铁路相比较，环境保护的重点在噪声和振动污染治理方面。

1. 噪声治理技术

环境噪声因铁路声源影响超过国家标准《铁路边界噪声限值及其测量方法》（GB12525）时，设声屏障或采取综合处理措施。

（1）声屏障。

声屏障高度不大于轨面以上 2.05 米，必须超高时，应在高出部分采用透明材料；长度为敏感点长度加两端附加长度。

（2）综合处理措施。

高速铁路降噪的主要治理措施及效果如表 1–1 所示。

表 1–1　高速铁路降噪的主要治理措施及效果表

噪声源	降噪措施	降噪效果
轮轨噪声	①线路两侧设置声屏障 ②轨面打磨减少短波不平顺；车轮踏面防擦伤，保证圆顺，降低轮轨滚动噪声 ③采用跨区间无缝线路，严格控制焊接接头平顺度 ④轨道面吸音处理等	4~10（dBA）
集电系统噪声	①减少弓头振动，加强接触线与滑板间的润滑 ②减少离线，采用低噪声绝缘子 ③加装受电弓罩及形状的最佳化等	4~5（dBA）
空气动力噪声	①列车头部的流线型化 ②车体外表的平滑化等	2~15（dBA）
结构物噪声	①有砟轨道铺设橡胶道砟垫，无砟轨道铺设橡胶减振垫层，降低扣件系统的胶垫刚度，以提高轨道整体弹性，降低下部结构物的振动 ②桥梁采用混凝土结构，选择合理的结构型式	5~15（dBA）

2. 列车减振措施

（1）车辆。

采用车辆轻量化、弹簧系统的合理化等手段减小车辆对轨道的动力作用，减小激振能级。

（2）钢轨。

采用重型钢轨，刚度大的箱梁，增大参振体质量等措施减小因激振力引起的振动。

（3）传递。

采取轨道各种部件之间设置弹性支承材料、地基上设置“减振沟”等，最大限度地减小振动的传递。

3. 电力牵引

动车组列车采用电力牵引，没有任何废气排放；车厢内空调、照明用电，非常环保；真空式集便装置，实现了污物、污水集中收集和垃圾零排放。

4. 边坡和沿线建筑物

注重边坡绿色防护和沿线建筑物“景观设计”，与周边环境协调完美。如图 1–19、图 1–20 所示。

5. 桥梁

为加强环境保护，高铁设计主要采用桥梁通过为主，有效减少了铁路对沿线城镇和生态的切割，同时节省了大量铁路建设用地。

图 1–19　路堑边坡绿色景观防护景观设计

图 1–20 隧道洞口的景观设计

第二章

高铁的优势及国内外高铁建设现状

自 20 世纪 50 年代起，全球总体处于“二战”后的经济建设恢复阶段，欧美各国多着眼于近期效益，交通政策倾向于大力发展公路、航空运输。在交通投资方面，大部分都投在公路、航空等基础设施建设，其发展后果是引起严重的环境污染。汽车、飞机所排放的各种废气严重污染了环境，高速公路及飞机的噪音污染更使人难以忍受。据 1995 年欧盟统计，欧洲 17 个国家的交通运输业为治理环境污染所支付的成本总额超过 5300 亿欧元，占这些国家当年 GDP 总值的 7.8%。另外，公路的交通拥堵现象日益严重，直接影响了人们日常的工作与生活。

至 20 世纪 70 年代，世界范围内发生了严重的石油危机，欧美各国的经济几乎崩溃，石油短缺的阴影笼罩着世界各国。为了保持经济能够可持续发展，各国反思之余，痛下决心以求彻底改革传统的交通能源结构模式，因为交通能源几乎占据各国总能源消耗的 50%左右。铁路是唯一能采用非石油能源的重要交通模式。

控制经济、能源和其他资源的通道，是地缘政治的重要目标。铁路作为重要的交通工具，很大程度上可以因改变交通运输条件而改变地理条件对国家行为的限制，从而能直接改变地缘政治环境。比如中世纪的欧洲处于世界体系的边缘，在各个方面都受奥斯曼帝国的限制。但随着以蒸汽机为动力的近代海洋交通技术的发展，世界从“陆权时代”变为“海权时代”。西方国家利用其独特的地理及交通优势引领时代潮流，建立起一整套国际政治经济制度，将它们海权大国的利益固定下来。遗憾的是，我们至今仍然生活在这些制度下。

自 1964 年日本东海道新干线开通以来的实践表明，新的一次交通大变革拉开帷幕。高速铁路在交通可持续发展战略上占据的重要地位日益显现。当高铁的发展颠覆人们关于时间和空间的观念时，陆权时代的回归将成为一种可能。

第一节 高铁的优势

高铁建设史上的轮轨系统和磁悬浮系统之争。

磁悬浮技术是利用悬浮磁力使物体处于一个无摩擦、无接触悬浮的平衡状态。磁悬浮技术系统，由转子、传感器、控制器和执行器四部分组成，其中执行器包括电磁铁和功率放大器两部分。磁悬浮列车是一种现代高科技轨道交通工具，它通过电磁力实现列车与轨道之间的无接触的悬浮和导向，再利用直线电机产生的电磁力牵引列车运行。磁悬浮列车主要由悬浮系统、推进系统和导向系统三大部分组成。

根据磁悬浮列车所采用的电磁铁种类可以分为常导吸引型和超导排斥型两大类。常导吸引型磁悬浮列车是以常导磁铁和导轨作为导磁体，用气隙传感器来调节列车与线路之间的悬浮间隙大小，在一般情况下，其悬浮间隙大小在 10 毫米左右，这种磁悬浮列车的运行速度通常在300~500千米/小时范围内，适合于城际及市郊的交通运输。超导排斥型磁悬浮列车是利用超导磁铁和低温技术，以实现列车与线路之间悬浮运行，其悬浮间隙大小一般在100毫米左右，这种磁悬浮列车低速时并不悬浮，当速度达到100千米/小时时才悬浮起来。它的最高运行速度可以达到1000千米/小时，当然其建造技术和成本要比常导吸引型磁悬浮列车高得多。

磁悬浮列车按悬浮方式分类有电磁吸引式悬浮（EMS）和永磁力悬浮（PRS）及感应斥力悬浮（EDS）三种。磁悬浮列车EMS方式利用导磁材料与电磁铁之间的吸引力，绝大部分悬浮采用此方式。磁悬浮列车PRS是一种最简单的方案，利用永久磁铁同极间的斥力，一般产生斥力为0.1兆帕。其缺点为横向位移的不稳定因素。磁悬浮列车EDS方案依靠励磁线圈和短路线圈的相对运动得到斥力，所以列车要有足够的速度才能悬浮起来，悬浮起始速度大约为100千米/小时，它不适用于低速。

磁悬浮高速铁路的优点是常导磁悬浮列车可达400~500千米/小时，超导磁悬浮列车可达500~600千米/小时。它的高速度使其在1000~1500千米之间的旅行距离中比乘坐飞机更优越。因无轮轨接触，震动小、舒适性较好，由于没有轮子、无摩擦等因素，它比目前最先进的高速火车多耗电30%。在500千米/小时的速度下，每座位每千米的能耗仅为飞机的1/3至1/2，比汽车也少耗能30%。磁悬浮列车在运行时不与轨道发生摩擦，发出的噪音较低；不排出有害的废气，有利于环境保护；可以节省建设经费；运营、维护和耗能费用低。

磁悬浮高速铁路的缺点有以下几方面：

第一，安全方面。由于磁悬浮系统必须辅之以电磁力完成悬浮、导向和驱动，因此在断电的情况下列车的安全是一个必须要考虑的问题。

第二，在高速状态下运行时，列车的稳定性和可靠性也需要长期的实际检验。

第三，是建造时的技术难题，由于列车在运行时需要以特定高度悬浮，因此对线路的平整度、路基下沉量等的要求都很高。

第四，经济方面。上海段约 30 千米的线路设计投资为 1000 亿元，而德国的两条线路，一条 36.8 千米长，将耗资约 26 亿欧元；另一条长度 78.9 千米，则将耗资 32 亿欧元（1 欧元约等于 8 元人民币）。实际施工中，根据地形、路面及设计运送能力的不同，造价也会相差较大。但无论如何，一千米的路线至少需要 8 亿元的投资，也就是说，1 厘米线路就需要花费 8000 元来修建。同时，丘陵及山区地面变化大对车辆和路轨的维修费用也要求极高。

第五，如何避免强磁场对人体及环境的影响也是一定要考虑到的问题。

由于磁悬浮列车具有造价高、高耗电、辐射大、不可靠等特点，因此前景不理想。我国目前在实施高铁轮轨技术的快速发展，磁悬浮一直处于理论研究和实验阶段，商业运营已经被废除。

目前，我国大力发展及开通运营的轮轨高速铁路系统的优势如下。

一、能源消耗最低

如果以“人/千米”单位能耗来进行比较的话。高速铁路为 1，则小轿车为 5，大客车为 2，飞机为 7。高速列车利用电力牵引，不消耗宝贵的石油等液体燃料，可利用多种形式的能源。

二、环境污染轻

（一）环境污染小

高速列车本身不排废气废水，即使将发电厂的环境污染折算到高速列车上，它的污染物排放量只有小汽车的几十分之一，甚至百分之零点几。当今，发达国家对新一代交通工具选择的着眼点是对环境影响小。高速铁路符合这种要求，明显优于汽车和飞机。

（二）占用土地少

从几何上测量，高速铁路占地比 4 车道高速公路少 1.6 倍，但综合的社会经济分析表明，高速公路占地是高速铁路的 6 倍。高铁大量采用高架桥梁和隧道来保证平顺性和缩短距离；同时能大量节约农业用地。

三、运输能力大

（一）载客量高

高速铁路的优点是载客量非常高。倘若旅程非以大城市中心为出发及目的地，使用高速铁路加上转乘的时间可能只跟驾驶汽车相仿，但高速铁路无须自行驾车，较为舒适。另外，虽然高速铁路的速度比不上飞机，但在距离稍短的旅程（650 千米以下），高速铁路因为无须到通常较远的机场登机，也不需要值机、行李托运和安检，故仍较省时。由于高速铁路的班次安排可较为频密，其总载客量亦远高于民航。

高速铁路的顾客对象多数以商务旅客为主。旅游游客是第二主要客户。以法国高速铁路为例，它连接了海岸的度假区，并且在长程路线上减价以跟飞机竞争。因为高速铁路的出现，不少离巴黎低于一小时车程的地区开始成为通勤的住宅区。不少本来是偏远的地区亦得到较快的发展。西班牙及荷兰的高速铁路亦是希望得到这种效果。

（二）输送能力大

目前各国高速铁路几乎都能满足最小行车间隔时间 4 分钟及其以下（日本可达 3 分钟）的要求，单向每小时可开 12 列列车，扣除维修时间 4 小时，则每天可开行的旅客列车约为 280 对；如每列车平均乘坐 800 人，年均单向输送能力将达到 8200 万人；如果采用双联列车或改用双层客车，载客高达 1.65 亿人。这是公路和航空所无法相比的。4 车道高速公路客运专线，单向每小时可通过小轿车 1250 辆，全天工作 20 小时，可通过 25000 辆。如大轿车占 20%，平均每车乘坐 40 人；小轿车占 80%，每车乘坐 2 人，年均单向输送能力为 8760 万人。航空运输主要受机场容量限制，如一条专用跑道的年起降能力为 12 万架次，采用大型客机的单向输送能力只能达到 1500 万~1800 万人。

四、速度快

速度是高速铁路技术水平的最主要标志，各国都在不断提高列车的运行速度。据《国外铁道机车与动车》杂志介绍，在目前全世界运营速度最快的 20 条高铁排名中，中国囊括了前 6 名。2008 年 6 月 24 日，中国制造的和谐号动车组，以时速 394.3 千米从北京驶至天津，创造了中国高铁的最高时速。2011 年 12 月，中国南车制造的 CIT500 型动车试验时速达到了 605 千米，打破了法国的最高纪录。法国、日本、德国、西班牙和意大利高速列车的最高运行时速分别达到了 300 千米、300 千米、280 千米、270 千米和 250 千米。如果作进一步改善，运行时速可以达到 350~

400 千米。除最高运行速度外，旅客更关心的是旅行时间，而旅行时间是由旅行速度决定的。以北京至上海为例，在正常天气情况下，乘飞机的旅行全程时间（含市区至机场、候检等全部时间）为 5 小时左右，如果乘高速铁路的直达列车，全程旅行时间则为 5~6 小时，与飞机相当；如果乘既有铁路列车，则需要 15~16 小时；若与高速公路比较，以上海到南京为例，沪宁高速公路 274 千米，汽车平均时速 83 千米，行车时间为 3.3 小时，加上进出沪、宁两市区一般需 1.7 小时，旅行全程时间为 5 小时，而乘高速列车，则仅需 1.15 小时。

五、安全性好

中国高铁不仅速度快，超过法国、西班牙、日本等国家，领先世界，在安全可靠方面也毫不逊色。就轨道技术来说，无砟轨道技术及我国自主研发的 CRTS Ⅲ型轨道板技术在稳定性、耐用性、使用寿命等方面处于世界先进水平。中国已经建成的长轨道的无缝线路，远远超过其他国家乃至其他国家总和，中国的高铁轨道实现了 100℃温差不变形，而德国、日本等其他国家尚未掌握该项技术。

高速铁路线路设施的质量和精度都很高，列车运行控制系统是利用成熟的电子技术和智能化软件所集成的，能确保两列车间的安全距离，由于在全封闭环境中自动化运行，有一系列完善的安全保障系统。高速铁路的信号控制系统比普通铁路高级，因为发车密度大、车速快，所以高速铁路的弯道少，弯道半径大，道岔都是高速道岔。所以其安全程度是任何交通工具都无法比拟的。高速铁路问世 35 年以来，世界各国的高速铁路极少发生人身伤亡事故。日、德、法三国共运送了 50 亿人次旅客。除德国

1998 年 6 月 3 日的 ICE884 高速列车行驶在改建线上出轨发生事故，导致 101 人死亡（后决定将最高时速从 280 千米降为 160 千米）；西班牙于 2013 年发生过一起导致 79 人死亡的事故；中国 2011 年因特殊原因发生的特大事故（造成了约 40 人死亡，事故原因：新设计的信号设备不具备恰当的自动防故障性能，使用前未对该设备进行充分测试）外，各国高速铁路都已安全运送了大量乘客。未发生过重大行车事故，也没有因事故而引起人员伤亡的事故。日本在其长期的高铁运营中，未出现过因列车事故导致人员死亡。

这是各种现代交通运输方式所罕见的。几个主要高速铁路国家，一天要发出上千对的高速列车，即使计入德国发生的事故，其事故率及人员伤亡率也远远低于其他现代交通运输方式。因此，高速铁路被认为是最安全的。与此成对比的是，据统计，全世界由于公路交通伤亡事故每年约死亡 25 万~30 万人；1994 年全球民用航空交通中有 47 架飞机坠毁，1385 人丧生，死亡人数比前一年增加 25%，比过去 10 年的平均数高出 20%。

六、正点率高

高速铁路全部采用自动化控制。高速铁路的接触网，就是火车顶上的电线的悬挂方式也与普通铁路不同，以保证高速动车组的接触稳定和耐久性。可以全天候运营，不受雨、雪、雾、风的影响，除非发生地震。据日本新干线风速限制的规范，若装设挡风墙，即使在大风情况下，高速列车也只需要减速行驶，比如风速达到每秒 25~30 米，列车限速在 160 千米/小时；风速达到每秒 30~35 米（类似 11、12 级大风），列车限速在 70 千米/小时，而无须停运。飞机机场和高速公路等，在浓雾、暴雨和冰雪等恶劣天气情况下，则必须关闭停运。

正点率高也是高速铁路深受旅客欢迎的原因之一。由于高速铁路系统设备的可靠性和较高的运输组织水平，可以做到旅客列车极高的正点率。西班牙规定高速列车晚点超过 5 分钟就要退还旅客的全额车票费；日本规定到发超过 1 分钟就算晚点，晚点超过 2 小时就要退还旅客的加快费，1997 年东海道新干线列车平均晚点只有 0.3 分钟。高速列车极高的准时性深得旅客信赖。

七、舒适方便

高速铁路要求高平顺，以保证行车安全和舒适性，高速铁路都是无缝钢轨，而且时速 300 千米以上的高速铁路采用的是无砟轨道，就是没有石子的整体式道床来保证平顺性。高速铁路一般每 4 分钟发出一列车，日本在旅客高峰时每 3.5 分钟发出一列客车，旅客基本上可以做到随到随走，不需要候车。为方便旅客乘车，高速列车运行规律化，站台按车次固定化等。这是其他任何一种交通工具都无法比拟的。高速铁路列车车内布置非常豪华，工作、生活设施齐全，座席宽敞舒适，走行性能好，运行非常平稳。减震、隔音，车内很安静。乘坐高速列车旅行几乎无不便之感，无异于愉快的享受。

八、经济效益好

高速铁路投入运行以来，倍受旅客青睐，其经济效益也十分可观，投资回收快，不会造成财政和金融负担。日本东海道新干线开通运营后仅 7 年就收回了全部建设资金（线路修建和机车车辆购置费），自 1985 年以后，每年纯利润达 2000 亿日元。德国 ICE 城市间高速列车每年纯利润达 10.7 亿马克。法国 TGV 年纯利润达 19.44 亿法郎。法国高速铁路东南线 1981 年投入运营，10 年后即收回全部投资。

除了高铁运用本身效益外，高速铁路还是推动经济起飞的动力，产生良好的社会经济效益。一是促成铁路沿线农村的城市化进程，创造新的就业机会。据统计，1975~1996 年，日本在新干线沿线的工商企业增加了 49%，沿线城市的财政收入增加 150%。法国 TGV 每投资 10 亿法郎可创造 3000 个就业机会。二是带动相关产业的配套发展。高速铁路大量修建后，高速列车制造业以及相关的零件、部件、组件产业的供应链必将迅速扩大。牵引供电、通信信号、列车运行控制等配套产业也随之兴旺。冶金、机械、电子、自动控制等高新技术由于高速铁路的需求必将迅速发展，为国民经济可持续发展提供原动力。

九、高铁的货运优势

（一）内在需求大

作为我国经济发展的内在需求，近年来，我国高铁建设正在大步前进。高铁运输不仅能实现客货分流，缓解货运压力，同时还能将铁路运输与公路、水路、航空运输结合起来，实现无缝连接。而高铁的开通，货物可从我国的航运港口物流上岸，通过高铁开通所释放的铁路货运能力运输至各地，使得我国现代物流企业利用高速铁路的优势进一步凸显。

（二）快递优势

高铁快递最大的优势是干线。高铁的发车频次很高，而且利用高铁运送货物，可减小交通堵塞、航空管制、天气因素等对传递速度的影响，相对来说，高铁的准点率比较高，从时效性方面来说，高铁快递具有很强的竞争力。

（三）成本优势

相比航空快件，高铁快件的成本优势十分明显。据测算，在全社会货物运量中铁路货运比重每提高一个百分点，就可节约社会物流成本 212 亿元。有分析指出，1000 千米以上长距离运输时，航空运输时间短占优势，而 500~1000 千米内，综合考量速度和成本，高铁运输要优于航空和公路，500 千米以内公路运输较便捷。试水高铁快件的广东铁路局曾做过测算：快件从广州到长沙，汽车运输方式成本为 0.3~0.4 元/公斤，航空运输成本约为 2 元/公斤，高铁运输成本为 1.5 元/公斤。从三种运输方式的对比来看，采用汽车运输成本最低，但很难实现跨省的当日达和次日达；航空和高铁运输均有时效保证，但高铁的成本仅为航空方式的 75%。水运成本最低，但局限于大型笨重物资，用时最长，且受航线、季节、水文、天气等影响最大，不确定因素最多，在当前越来越追求高效、快速、精准的时代，越来越不被考虑和选择。

（四）运量优势

除成本优势外，高铁的运量优势也比较明显。一节高铁车厢的货运容量远远大于一架 737 飞机的装载量，而一列高铁至少有 6 节以上的车厢，一趟列车可以运输的货物量超过飞机数十倍。当然，目前高铁快件仅在部分地区运营，大面积铺开仍需要解决专有货运车厢、货运与客运站台的接驳、批量快件的安检、安全等问题。

综上所述，高速铁路优势明显，许多国家对发展高铁趋之若鹜，纷纷制定自己的高铁发展战略并加快实施力度。在日本、法国、中国修建高速铁路并已取得成效的基础上，世界上许多国家掀起了建设高速铁路的热潮。

第二节　国内外高铁建设现状

世人瞩目的世界高速铁路的发展，根据其技术特点、范围和规模，历程可以划分为探索初创、扩大发展、快速发展三个阶段，形成了三次建设高潮。

第一次是在 20 世纪 60 年代至 80 年代末，是世界高速铁路发展的初始阶段，主要由发达国家日本、法国、意大利和德国推动了这一次建设高潮。在这期间建设并投入运营的高速铁路有：日本的东海道、山阳、东北和上越新干线；法国的东南 TGV 线、大西洋 TGV 线；意大利的罗马至佛罗伦萨线以及德国的汉诺威至维尔茨堡高速新线，高速铁路总里程达 3198 千米。这期间，日本建成了遍布全国的新干线网的主体结构，在技术、商业、财政以及政治上都取得了巨大的成功。

第二次是在 20 世纪 80 年代末至 90 年代中期。由于日本等国高速铁路建设取得了巨大成就，世界各国对高速铁路投入了极大的关注并付诸实践。欧洲的法国、德国、意大利、西班牙、比利时、荷兰、瑞典和英国等最为突出，1991 年瑞典开通了 X2000 摆式列车；1992 年西班牙引进法、德两国的技术建成了 471 千米长的马德里至塞维利亚高速铁路；1994 年英吉利海峡隧道把法国与英国连接在一起，开创了第一条高速铁路国际连接线；1997 年，从巴黎开出的欧洲之星列车又将法国、比利时、荷兰和德国连接在一起。在这期间，日本、法国、德国以及意大利对发展和完善高速铁路网也进行了周密和详尽的规划，对原有高速铁路网进行了大规模扩建。

第三次是20世纪90年代中期至今，这次建设高潮涉及亚洲、北美、大洋洲以及整个欧洲，形成了世界交通运输业的一场革命性的转型升级。俄罗斯、韩国、澳大利亚、英国、荷兰、中国台湾等国家和地区都先后开始了高速铁路的建设。为了配合欧洲高速铁路网的建设，东部和中部欧洲的捷克、匈牙利、波兰、奥地利、希腊以及罗马尼亚等国家正在进行干线铁路改造，全面提速。对高速铁路开展前期研究和初步实践的国家还有土耳其、中国、美国、加拿大和印度等。

目前已有中国、西班牙、日本、德国、法国、瑞典、英国、意大利、俄罗斯、土耳其、韩国、比利时、荷兰、瑞士等16个国家和地区建成高速铁路并投入运营。根据国际铁路联盟截至2013年11月1日的统计，世界其他国家和地区高速铁路总营业里程达11605千米，在建高铁规模4883千米，规划建设高铁12570千米。

一、我国高铁建设发展与现状

20世纪90年代以来，我国对高速铁路的设计建造技术、高速列车运营管理的基本理论和关键技术组织开展了大量的科学研究和技术攻关，成功实施了既有线铁路六次大提速。

1994年，我国第一条准高速铁路——广州—深圳铁路建成并投入运营，其旅客列车速度为160~200千米/小时，不仅在技术上实现了新的突破，而且通过科研与试验、引进和开发，为建设我国高速铁路做了前期准备，可以称之为我国高速铁路的起点。

2003年，我国第一条快速客运专线——秦皇岛—沈阳客运专线建成并投入运营，通过秦沈线的建设和运营实践，进一步探索了适合中国国情的高速客运专线的技术标准、施工方法、运营管理及维护等一系列经验。

2008年8月1日，我国第一条高速铁路——穿越松软地区的京津城际高速铁路（350千米/小时）开通运营，为北京成功举办奥运会提供了现代轨道交通。之后，高速铁路在我国迅猛发展。

通过引进、消化、吸收再创新，系统掌握了时速200~250千米动车组制造技术，搭建了时速350千米的动车组技术平台，成功研制生产了CRH380型新一代高速列车。2002年12月建成秦皇岛至沈阳的客运专线，是我国自行研究、设计、施工，目标速度200千米/小时，基础设施预留250千米/小时高速列车条件的第一条铁路客运专线。2002年11月，中国自主研制的“中华之星”电动车组在秦沈客运专线创造了321.5千米/小时的当时“中国铁路第一速”。极大地提振了我国高铁建设和技术研发的决心和信心，从而使我国高铁发展如火如荼，进展迅速。

（一）目前我国已开通运营高速铁路

按照国家中长期铁路网规划和铁路“十一五”“十二五”规划，近几年来以“四纵四横”快速客运网为主骨架的高速铁路建设全面推进，建成了京津、沪宁、京沪、京广、哈大等一批设计时速350千米、具有世界先进水平的高速铁路，并陆续投入运营，形成了相对完善的高铁网络体系。

2011年6月，全长1318千米，世界上一次建成线路里程最长的北京到上海高速铁路开通并投入使用。从而开创了我国两个特大型城市的生活新时空，使我国2011年高速铁路客运量达到4.1亿人，占铁路客运量的22%。

2011年12月26日，广深港高速铁路广深段正式开通，根据停站不同，广州南站到深圳北站只需29~50分钟。2015年数据显示，该段高铁成为我国旅客往返最频繁的高铁线路。

2012 年 12 月，世界上第一条穿越高寒季节性冻土地区的哈尔滨至大连高速铁路建成运营。由京沈客运专线、哈大客运专线、盘营客运专线组成京哈客运专线的重要组成部分，全长约 1700 千米。使中国北端的冬季有了银色巨龙。

2012 年 12 月，北京经武汉、广州至香港，由京石客运专线、石武客运专线、武广客运专线、广深港客运专线组成，全长 2298 千米，世界上运营里程最长，跨越温带亚热带、多种地形地质区域和众多水系的北京至香港的高速铁路全线通车。让旅客在 8 小时里感受到窗外北京至广州的季节色彩变换。

2014 年 12 月 26 日，全长 1777 千米，世界上一次建设里程最长，穿越沙漠地带和大风区的兰州至乌鲁木齐高速铁路开通并投入运营。人们在旅行中览尽雪山风区和沙漠戈壁映衬下的西部风光。

2014 年底，贵阳到广州、南宁至广州等高速铁路的建成和开通运营，标志着“四纵四横”为主骨架的高速铁路网已基本形成。

2015 年，海南国际旅游岛高速铁路实现环岛运营，让国内外游客享受着高铁与大海的美丽邂逅。

2017 年，西安至成都高速铁路开通运营，从此蜀道不再难。

……

目前我国已开通运营的客运专线铁路还有：

杭福深客运专线：杭州经宁波、温州至深圳，由杭甬客运专线、甬台温铁路、温福铁路、福厦铁路及厦深铁路组成，全长约 1600 千米。

徐兰客运专线：徐州经郑州、西安至兰州，由郑徐客运专线、郑西客运专线、西宝客运专线、宝兰客运专线组成，全长约 1400 千米。

沪昆客运专线：上海经杭州、长沙至昆明，由沪杭客运专线、杭长客运专线、长昆客运专线组成，全长 2080 千米。

青太客运专线：青岛经济南、石家庄至太原。由胶济客运专线、石济客运专线及石太客运专线组成，全长约 770 千米。

沪汉蓉客运专线：上海经武汉、重庆至成都，由合宁铁路、合武铁路、渝利铁路、遂渝铁路和达成铁路成都至遂宁段构成，全长约 1600 千米。

中国近几年来新建了许多条速度为 200 千米/小时的快速客运专线铁路及客货共线铁路。到目前为止，秦沈线、京津城际线、石太客运专线、杭深线、京广高速线、成灌线、郫彭线、沪宁高速线、昌九城际线、海南东环线、广珠城际线、长吉城际线、京沪高速线、合蚌高速线、沈大高速线、宁杭高速线、津秦高速线、盘营高速线、柳南客专线、武咸城际线和沪汉线合武段，沪昆高速线沪杭段，广深港高速线广深段，京哈高速线沈哈段，徐兰高速线郑西段、西宝段，宁蓉线合宁段、汉宜段，沪蓉线凉渝段，南广线根梧段，广东江门至湛江等线路已开通运营。

其他在建项目如济青高铁项目：2015 年 12 月全面开建，线路全长 307.8 千米，目前工程进展顺利。济青高铁建成后，可通过青荣城际、青连铁路，辐射山东沿海地区，实现济南至青岛 1 小时直达。

截至 2013 年底，中国完成了约 10000 千米里程的高速铁路网建设。当时即已远远超过其他任何国家，且比整个欧盟的高铁网还要大。

截至 2015 年，中国铁路运行里程已达到 19 万千米，“四纵四横”高速铁路基本建成。其中高铁里程达 1.8 万千米，居世界第一位。全国铁路日均开行高速列车 1600 多列，日均发送 120

万人。“十二五”铁路完成固定资产投资3.58万亿元，新线投产3.05万千米，分别较“十一五”增长47%和109%，投资规模和投产规模达到历史高位。由于近年来中国在建高铁规模持续维持较高水平，中国高铁交付运营里程还将继续增长。

据中国铁路网消息，到2017年底，我国高铁运营里程突破2.5万千米，占世界高铁总量的2/3。2017年9月21日，“复兴号”中国标准动车组按时速350千米自北京至上海高速铁路正式运营，迈出了从追赶到领跑的关键一步。2018年8月8日，京津城际铁路复兴号动车组按照时速350千米运行，北京南站至天津站开行列车数量增加，时间由35分钟压缩到30分钟，进一步增强了京津同城效应。

目前，我国高速铁路建设持续推进，路网规模不断扩大，枢纽建设更加完善，结构日趋优化，运输服务质量显著提升。我国成为世界上高速铁路技术里程最长，运行速度最高，运营场景最丰富，对自然环境适应性最强的国家。工程建设、装备制造、安全监控等取得了一系列科技创新成果，形成自主知识产权技术体系，核心竞争力持续增强，高速铁路总体技术水平进入世界先进行列。

（二）近中期发展规划

2004年1月国家批复《中长期铁路网规划》，确定铁路网要扩大规模，完善结构，提高质量，快速扩充运输能力，迅速提高装备水平。按照中央加快铁路建设的决策部署和国家“十二五”规划纲要目标，预计到2020年，全国铁路营运里程达到10万千米，高速铁路与其他铁路共同构成的快速客运网将达到5万千米以上，主要繁忙干线实现客货分线，复线率和电气化率均达到50%，基本覆盖中国省会及50万以上人口城市，构成我国高速铁路的基本框架，解决我国主要干线铁路运力不足问题，运输能力满足国民经济和社会发展需要，主要技术装备达到或接近国际先进水平。

2017 年 11 月 20 日，国家发改委、交通运输部、国家铁路局、中国铁路总公司联合下发了《铁路“十三五”发展规划》，从路网建设、装备水平、运输服务、信息化建设、国际合作等方面制定了到 2020 年的发展目标。该《规划》明确提出，2020 年全国铁路营运里程将达到 15 万千米，其中高速铁路 3 万千米，复线率和电气化率分别达到 60%和 70%左右。东部路网持续优化完善，中西部路网规模继续加大，与西部联通进一步拓展，区域内部联通更加紧密、便捷，中西部路网规模达到 9 万千米左右。全国铁路网基本覆盖城区常住人口 20 万以上城市，高速铁路网覆盖 80%以上大城市。建成一批配套完善、现代高效的综合交通枢纽，铁路与其他交通运输方式实现货运“无缝化”衔接和客运“零距离”换乘。“门到门”、快速送达的全程物流服务体系初步形成，铁公、铁水、铁空等联运比重大幅提高。同时，对外通道建设有序推进，与周边国家铁路互联互通取得积极进展。运输能力和服务品质全面提升，市场竞争力和国际影响力明显增强，适应全面建成小康社会需要。

高铁建设方面，高速铁路五年增加 1.1 万千米，年均增长率 11.6%。同时，动车组列车承担旅客运量比重达到 65%，实现北京至大部分省会城市 2~8 小时通达，相邻大中城市 1~4 小时快速联系，主要城市群内 0.5~2 小时便捷通勤。我国高铁在原来“四纵四横”规划的基础上，高速铁路建设有序推进，高速铁路服务范围进一步扩大，在经济发达、人口稠密、城镇密集地区形成城际、市域、市郊铁路骨架网络，加快城际、市郊高速铁路建设。

近中期我国高速铁路建设规划为“五纵六横八连”。逐步实现国家《中长期铁路网规划》的“八纵八横”。

五纵：

（1）哈沪线（哈尔滨—上海）；

（2）京沪线（北京—上海）；

（3）京港线（北京—九龙）；

（4）集昆线（集宁—昆明）；

（5）西湛线（西安—湛江）。

六横：

（1）沈兰线（沈阳—兰州）；

（2）青银线（青岛—银川）；

（3）盐西线（盐城—西宁）；

（4）沪蓉线（上海—成都）；

（5）沪昆线（上海—昆明）；

（6）沪南线（上海—南宁）。

八连：

（1）津唐线（天津—唐山）；

（2）开河线（开封—河口）；

（3）宁南线（南京—南通）；

（4）宁宁线（南京—宁波）；

（5）金温线（金华—温州）；

（6）汉福线（武汉—福州）；

（7）南厦线（南平—厦门）；

（8）衡南线（衡阳—南宁）。

按照我国高铁总体发展规划：到 2020 年，高铁网络将覆盖全国 90%以上的人口；到 2030 年，继续打通包头—海口主通道

(其中贵南高铁 2017 年 12 月 29 日已开工，线路全长 533 千米，速度目标值 350 千米/小时，预计 2023 年 12 月 20 日建成通车)等一大批高铁重点工程，建成“八纵八横”主要通道。

八纵：

（1）沿海通道；

（2）京沪通道；

（3）京港（台）通道；

（4）京哈—京港澳通道；

（5）呼南通道；

（6）京昆通道；

（7）包（银）海通道；

（8）兰（西）广通道。

八横：

（1）绥满通道；

（2）京兰通道；

（3）福银、青银通道；

（4）陆桥通道；

（5）沿江通道；

（6）沪昆通道；

（7）厦渝通道；

（8）广昆通道。

（三）高铁发展存在的突出问题

一是资金筹措困难，铁路债务高企，防范风险压力大，市场化运作、投融资体制等改革仍需深化。据资料显示，2011 年底，铁路负债达到 2.4 万亿元，主要是债务性资金，资产负债率达 61%。“十二五”期间铁路固定资产投资规模约 2.8 万亿元，在建高铁工程投资约 8500 亿元。如何解决高额负债，化解经济风险，是社会共同关注的突出问题。

二是路网结构尚需进一步完善，区域发展仍不平衡，部分通道未形成系统能力，运行效率有待提升。多式联运“最后一千米”集疏运体系仍存在短板。

三是是否要发展高铁至今仍存在不同声音。如尽管绝大部分安全事故（包括 7·23 事故），不是技术和设备原因所致，而是运营管理上的缺陷所致，但高铁发展自始至终都因事故遭受诘难，甚至因个体贪腐行为都会引发社会对高铁发展的不满。再如存在票价定价不合理，就座率不高，与航空短途客运争利等争论，混淆了民众及各层面、各方面视听，使整个高铁发展处境窘迫，甚至造成个别高铁项目工程进度拖延。

二、国外高速铁路建设现状

自 1964 年日本建成世界上第一条高速铁路——东京至大阪高铁 40 多年来，高速铁路从无到有，迅速发展。德国、意大利、英国、西班牙等国也先后新建或改建了高速铁路。尤其是在 20 世纪 90 年代后期至现在，不仅西欧各国开始筹划高速铁路联网，而且在北美、东欧、大洋洲及东亚的韩国等也在积极推进高速铁路的建设和发展。截至目前，全球投入运营的高速铁路近 2.5 万千米，分布在中国、日本、法国、德国、意大利、西班牙、比利时、荷兰、瑞典、英国、韩国、中国台湾等 17 个国家和地区。高速铁路作为一种安全可靠、快捷舒适、运载量大、低碳环保的运输方式，已经成为世界交通业发展的重要趋势。目前开行时速 200 千米以上高速列车的国家已有日本、法国、德国、意大利、西班牙、比利时、荷兰、瑞典、英国、美国、俄罗斯，正在积极建设或规划建设的还有瑞士、奥地利、丹麦、加拿大、澳大利亚、中国、韩国、印度等。

（一）德国

1971 年 9 月 21 日，西德铁路开行最高时速 200 千米的城间特快列车，这是德国真正向现代铁路高速运输发展的第一步。采用 ICE 模式，旅客列车及货物列车混用。1971 年，开工建设第一条高速新线汉诺威—维尔茨堡铁路，并于 1991 年正式开通运营。德国高速铁路 ICE 于 1985 年首次试车，1992 年德国购买了 60 列 ICE 列车，其中 41 列运行于第 6 号高速铁路，分别连接汉堡、法兰克福、斯图加特。目前，ICE 高速列车可通达德国境内多数大城市，ICE 列车可通行的范围 6300 千米以上，列车速度最高可达 300 千米/小时。截至 2012 年底，已建成的高速铁路共计 2331 千米。

随着泛欧高速铁路和第三期高速铁路的陆续建成，德国实现了高速铁路国际直通运输。已建成总长约 2620 千米的高速运输走廊：汉堡—汉诺威—卡塞尔—法兰克福—美因—卡尔斯鲁厄；汉堡—汉诺威—富耳达—维尔茨堡—纽伦堡—慕尼黑；柏林—布劳恩斯魏克—卡塞尔—富耳达—法兰克福—曼海姆—斯图加特—乌耳姆—慕尼黑；科隆—法兰克福。其中包括新建列车允许最高运行时速 280 千米（科隆—法兰克福线为 300 千米）的长 802 千米的客运专线，按最高运行时速 200 千米进行技术改造的长 1200 千米的既有线和最高运行时速达到 160 千米的快速线。

目前，纽伦堡—慕尼黑新的高速线已建成开通运营，包括纽伦堡—因戈尔斯塔特（89 千米）和因戈尔斯塔特—奥别尔曼曾格（82 千米）两个区段。维罗那—慕尼黑 409 千米的高速新线正在修建中，线路按照列车最高运行时速 300 千米双线、客货列车混运设计。同时，德国准备改造其他一些既有线，实现列车高速运行。

（二）法国

法国采用 TGV 模式。1971 年，法国政府批准修建 TGV 东南线（巴黎至里昂），1976 年 10 月正式开工。1981 年 9 月 27 日，欧洲第一条高速铁路，由法国首都巴黎至里昂的 TGV 东南线通车，全程 417 千米，直达时间 2 小时，列车运行最高速度 270 千米/小时。经过改造后，目前速度可达 300 千米/小时。此后，法国又陆续建成了其他一些运输方向的高速线（现在统称 LGV 高速线）。1990 年，法国又建成大西洋线、北方线、地中海线、巴黎东部线等高速铁路，1993 年，法国第三条高速铁路 TGV 北欧线开通运营，以巴黎为起点穿过英吉利海峡隧道通往伦敦，并与欧洲北部国家相连，是一条重要的国际通道。1999 年，地中海线建成。法国 TGV 列车可以延伸到既有线上运行，所以通行范围覆盖大半个法国国土。当前已形成了以巴黎为中心，辐射全国的 TGV 高速铁路干线，并与周边国家连接。TGV 高速列车可通行的范围 6000 千米以上，列车最高运营速度可达 320 千米/小时。在这样的线路上运行的是 TGV 系列高速列车，列车最高运行时速从最初的 260 千米提高到 300 多千米。TGV 的试验列车于 2008 年投入巴黎—斯特拉斯堡新线以 360 千米/小时最高速度进行试运营，TGV 的试验列车 V-150 于 2007 年 4 月 3 日创造了 574.8 千米/小时的地面运输系统最高速度的世界纪录。

据 2013 年 3 月统计，法国共有 9 条高速铁路开通运营，线路总长度为 2023.6 千米。目前，法国国内已经形成运营线路总里程达到 4500 千米的高速走廊：从巴黎到法国东南部地区的 LGV Sud-Est 走廊；从巴黎到大西洋沿岸方向的 LGV Atlantique 走廊；连接巴黎与法国北部地区、北欧国家和英国的 LGV Nord-Europe 走廊等。

现在正在和计划修建的新高速铁路有：连接巴黎和斯特拉斯堡长 405 千米的 LGV Est 高速线（2007 年 6 月巴黎—波德列库尔长 300 千米区段已建成开通运营）；连接图尔和波尔多长 361 千米的 LGV Atlantique 走廊的南部方向支线等。

此外，法国正在积极修建两条国际联运高速线：250 千米的里昂—都灵（意大利）高速线（2006 年 2 月部分建成开通）；340 千米的蒙彼利埃—巴塞罗那（西班牙）高速线。这两条线路按照列车最高运行时速 300 千米双线、客货列车混运设计。

（三）西班牙

西班牙号称是第一个开发高铁的国家。目前既有铁路网是宽轨线路，已建成总运营里程 1026 千米的 3 条准轨高速铁路：马德里—塞维利亚 471 千米的高速线（包括改造科尔达瓦—塞维利亚和马德里—赫塔费既有线路区段）；马德里—托莱多 74 千米的高速线（包括改造马德里—塞维利亚高速线的 20.5 千米的线路）；马德里—莱里达 481 千米的高速线（马德里—巴塞罗那高速线的组成部分），装设 ETCS/ERTMS-1 级列车运行控制系统，最高运行时速 350 千米。这些线路上开行 AVE 系列高速列车。

现在，西班牙正在实施扩大全国高速铁路网的规划，包括完成马德里—莱里达—巴塞罗那最后路段 160 千米高速新线，以及巴塞罗那—菲格拉斯和菲格拉斯—佩皮尼扬两条西班牙与法国边境方向高速线建设，实现与泛欧高速铁路网联网；改造巴伦西亚—巴塞罗那一些既有线路区段，使列车最高运行时速达到 200 至 220 千米；改造巴伦西亚—马德里—瓦里阿多里德—莱昂、塞维利亚—韦尔发、塞维利亚—加的斯和塞维利亚—马拉加既有线，实现列车高速运行；新建萨拉戈萨—毕尔巴鄂—西班牙与法国边境高速线；新建连接西班牙与葡萄牙的休达德列耳—里斯本高速线。

（四）韩国

运营高铁 800 多千米。

KTX 京釜高速线：幸信站经首尔站至釜山站，全长约 438.5 千米。

湖南高速线：幸信站至木浦站，全长约 407.6 千米。

湖南高速线：长城站至光州站，全长约 33.9 千米。

（五）日本

日本是世界上第一个投入高铁运营的国家，采用的新干线模式。该模式全部修建新线，旅客列车专用。1964 年 10 月 1 日，世界上第一条高速铁路日本东海道新干线（东京至大阪）正式开通运营，全程 515.4 千米，运行速度达到 210 千米/小时，直达旅行时间 3 小时，日均运送旅客 36 万人次，年运输量达 1.2 亿人次。这条专门用于客运的电气化、标准轨距的双线铁路，代表了当时世界第一流的高速铁路技术水平。随后，日本大力发展新干线，并不断进行技术升级，1975~1985 年又依次开通了山阳新干线、东北新干线、上越新干线，运行速度分别提高到现在的 300 千米/小时和 270 千米/小时，东北新干线的运行速度提高到 320 千米/小时。1997 年北陆新干线通车营运，形成了日本完善的国内高速铁路网骨架新干线的主干线和支线已经基本覆盖日本本土。

截至 2013 年 3 月，日本已经开通的新干线共有 6 条，线路总长度为 2388 千米。到目前共计运营 2600 多千米。其中：

日本东海道新干线：东京站至新大阪站，全长 515.4 千米。

山阳新干线：新大阪站至博多站，全长 553.7 千米。

东北新干线：东京站至新青森站，全长 674.9 千米。

上越新干线：大宫站至新潟站，全长 269.5 千米。

北陆新干线：高崎站至长野站，全长 117.4 千米。

九州新干线：博多站至鹿儿岛中央站，全长 256.8 千米。

秋田新干线：盛冈站至秋田站，全长 127.3 千米。

山形新干线：福岛站至新庄站，全长 148.6 千米。

（六）意大利

意大利已建成总长 438 千米的 2 条高速线：

1988 年开始投入运营的罗马—佛罗伦萨 252 千米的高速客运专线，开行最高运行时速 259 千米的高速列车（包括机车牵引列车和 ETR 系列动车组列车）；

罗马—那不勒斯 186 千米高速线，列车最高运行时速 300 千米。

（七）美国

在亚洲、欧洲高铁快速发展的时期，美国高铁却拥有冷静审慎的“慢能力”，这种能力是由各方利益和完善的法律约束赋予的。德克萨斯州一名主管铁路交通事业的官员曾说：兴建高速铁路如同马拉松比赛而绝非百米冲刺，将会是一个漫长的过程，在高铁项目动工之前应该进行充分的调查和论证。2008 年，加州政府曾批准了从旧金山至洛杉矶的加利福尼亚高速铁路计划，当时预算为 340 亿美元，十年来一根铁轨还未铺设。目前仍在计划中，未开始建设。

（八）俄罗斯

俄罗斯与中国几乎同时引进德国高铁列车技术。采用西门子 Velaro 技术，俄国宽轨 1520 毫米。第一条高铁莫斯科—圣彼得堡游隼号列车，于 2009 年 11 月建成，2009 年 12 月 18 日投入运营。全程 649.7 千米，最高运营时速 250 千米/小时，全程运行 3.5 小时。2006 年 5 月 19 日，俄国向西门子集采 8 列高速列车，西门子给予 30 年技术服务。

第三章

加快我国高速铁路建设的积极意义及优势分析

高速铁路助推经济社会发展。高铁在改变人们出行方式的同时，产生着巨大的经济效益和社会效益，助推着中国经济社会发展。高铁的开通释放了既有铁路线的运能，有效缓解了货运能力长期紧张的局面，全社会人流、物流周转明显加快，成本有效降低。与 2007 年相比，2014 年全国铁路货运发送量增加 68154 吨，增长 21.8%，其中高铁的贡献功不可没。专家分析，在全社会货运量中，提高铁路运输比重将大大节约社会物流成本。据统计，中国已开通运营的高铁可为货物运输腾出 2.3 亿吨的年运力。同时，高铁的建设和运营带动了冶金、机械、建筑、橡胶、玻璃、电力、信息、计算机、精密仪器等几十个产业的快速发展。据不完全统计，中国新一代高速动车组零件生产设计核心层企业近 100 家、紧密层企业 500 余家，覆盖 20 多个省市，形成了一个庞大的高新技术研发制造产业链。因此，加快我国高速铁路建设对经济社会发展具有积极而又重要的意义，尤其在当前，具有紧迫性，更具可行性。

第一节 加快我国高速铁路建设的积极意义

2008年世界经济危机之后，全球经济增长乏力，复苏不均衡，下行风险依然存在。此后，2013年11月19日，世界经济与合作组织（OECD）将世界经济2013年和2014年增长预期从3.1%和4%下调至2.7%和3.6%，事实证明世界经济连续几年增长乏力，至今整整十年，仍未走出低迷困境。在传统经济大国经济低迷，低速增长甚至零增长、负增长的同时，新兴国家尤其是中国经济持续向好。十八大以后进一步解放生产力，释放出巨大改革红利，但中国的发展也面临更加严峻的国内、国际环境。十九大以后，我国继续深入改革、开放，加大宏观经济调控力度，实行“营改增”改革，大力推行“三去一降一补”，进一步提振实体经济活力。加快我国高速铁路发展是营造更好发展环境、提高社会总体效率、增强经济发展活力的重要途径和任务。

当前，国内外形势正在发生深刻复杂的变化，我国经济社会发展仍处于重要战略机遇期，经济由高速增长阶段转向高质量发展阶段，交通运输处于支撑全面建成小康社会的攻坚期、优化交通网络的关键期、进一步提质增效的转型期，进入了交通强国建设的新时代。中央政治局会议在分析研究当前经济形势时指出：在充分肯定成绩的同时，也要看到，经济下行压力依然较大，一些实体企业生产经营依然困难，市场风险点增多。对存在的突出矛盾和问题，必须高度重视，冷静分析，有针对性地采取措施，做好打攻坚战、持久战的准备，扎实做好工作。把补短板作为当前深化供给侧改革的重要任务，加大基础设施领域补短板的力度，增强创新力，发展新动能，打通去产能梗阻，降低企业成本。加快我国高速铁路发展是当前深化供给侧结构性改革、基础实施领域补短板的重要举措。

国际方面，近年来，美国全球战略调整，开始实施“重返亚洲”的所谓“再平衡”政策。指责中国不遵守世贸规则，挑起贸易战，意图带动欧、日透过跨国跨地域经贸整合，重新掌握全球地缘政治优势和经贸优势。过去10多年，中国对外贸易额占到全球贸易额1/10以上，经济发展一枝独秀，独领风骚。未来20年，中国市场潜力巨大，经济发展势头依然强劲。这是一些经济增长乏力的西方大国所不愿看到的，美国自2017年起就拿中美贸易逆差“说事”，当前正在大打贸易战，联合欧、日企图另起炉灶，创建实际上超越WTO规范的全面性经贸自由化网络。这些网络一旦建成，将形成相关新兴国家的贸易壁垒，抵消中国改革开放的发展成果，冲击和制约中国经济发展。加快我国高速铁路发展是扩内需，稳增长，苦练内功，依托国内市场，打破外来封锁，提升国际影响力、竞争力的必然选择。

一、经济发展需要：加快高铁建设对当前扩内需、稳增长的积极意义

铁路是国民经济大动脉，是关键基础设施和重大民生工程。从国民经济发展看，高铁在我国经济社会发展中的地位和作用至关重要。特别是当前具备一定规模后，高铁对国民经济发展的推动作用日益显现。高铁发展现状与需求之间的矛盾凸显。加快我国高铁建设，对扩大铁路运输有效供给，构建完善、合理交通运输体系、交通强国，实现“两个一百年”奋斗目标和中华民族伟大复兴梦，具有十分重要的意义。

（一）当前扩内需、稳增长要求

当前中国经济正处于重要转型期，能否转型成功，国企改革的成败是关键之一。十八届三中全会以来，作为深化改革路线图中重要的抓手，国企改革有望成为今后改革的主线。当前，体制改革已取得重大突破，实施政企分开，组建了国家铁路局、中国铁路总公司，推进简政放权，加快职能转变，进一步激发市场活力。但民企、私企参与高速铁路建设份额仍然极少，国企仍是高速铁路发展的主力军。加快高速铁路建设，进一步推进投融资体制改革，支持铁路实施土地综合开发，加快供给侧改革是当前扩内需、稳增长的重要举措。

2015 年 6 月 5 日，中央深改领导小组第十三次会议通过的《关于在深化国有企业改革中坚持党的领导加强党的建设的若干意见》等系列文件吹响了国企改革全面提速的号角。国企改革路线图日益清晰，大规模国企改革蓄势待发。未来国企国资不是通过政策拉动，不是简单并购重组，而是基于市场的优化组合、优胜劣汰，进而让国有企业变强、变优、变大。2018 年 7 月 31 日，中央政治局会议针对当前经济运行稳中有变，外部环境发生明显变化等新问题、新挑战，适时提出了保持经济社会稳定、深入推进供给侧结构性改革等一系列针对性强的措施。明确提出把补短板作为当前深化供给侧结构性改革的重点任务，加大基础建设领域补短板的力度。这给高铁建设相关企业带来了发展机遇。高铁建设大规模投资必将拉动就业增长和相关联企业的经济效益的提升。高铁龙头将拉动整个产业链的发展和繁荣。

中国铁路通过引进吸收西方国家技术，进而发展了自己的高速铁路装备制造业，也给中国的产业发展提供了一个新的机会。据了解，目前国内的机车集团已经拥有了较高的机车制造技术。

美国、印度、俄罗斯等国都曾考察京津等高速铁路线路及装备，准备引进中国高铁技术。中国也在研究制造时速达到 500 千米以上的机车和高铁建设技术。高铁机车及附属配套设施的研究发展必将带动我国装备制造业的发展，带动高铁基础设施建设。

在高铁穿越村庄，推动农村基础产业变革，改变农业现代化和产业结构的同时，高铁以其经济辐射效应直接带动了交通业、房地产业、旅游业、商业、物流业乃至金融业、娱乐业等相关产业的发展，促进了社会经济结构的整合，加速产业格局变革和地域文化的交流与融合，推动了沿线城市的同城化进程。中国城市之间的同城效应有利于铁路沿线形成走廊产业经济带，有助于扩大地区间的分工，使得国内市场的统一性提高。并且也有利于农村流动人口进入城市，增加民众的工作机会，扩大城市规模。

武广高铁经过 5 年多的运营实践，沿线高铁站区无一例外地成为城市新区和城市副中心，一连串带“新”的名字，依高铁而建，因高铁而旺，显现出勃勃发展生机。炎炎酷暑，东北高铁游成为 2017 年海内外游客“比想象更精彩”的第一选择，松花江畔，太阳岛上，芦苇荡里丹鹤飞翔。镜泊湖，鸭绿江，凤凰山，北方明珠，枫叶之城，异域风光精彩纷呈。交通，旅游，为东北振兴、区域经济发展增添了无限活力。

（二）对当前产业机构供给侧结构性改革的重大意义

中国高铁的开通，将改变中国的基础产业以及出行的方式。当前，我们不否认汽车在中国支柱产业中的作用，但越来越多的国家和民众认为，汽车主要用于休闲出行，而不是上班代步工具。东京曾经有 700 万辆机动车，当时约为北京的 2 倍，但东京日常上班很少有开车的。早在 20 世纪 80 年代中期，国内研究 2000 年的交通运输发展时就得出结论，中国是一个最适合发展轨

图 3-1 最大规模调图增开动车组列车

道交通长距离运输的国家，中国不应该学习美国等国家发展以小汽车为主导的交通发展模式。实际情况是，随着买汽车的人越来越多，我国各个城市交通越来越拥堵，甚至有些县城都出现了非常严重的车辆拥堵现象，城市的空气污染问题越来越突出。汽车的发展，并没有更好地解决交通便利问题，而轨道交通发展的优势反而逐步体现出来，“上班基本还是要靠地铁”已被越来越多的民众认识并接受。至于城市间 1000 千米之内的出行，应该以高铁为主，1000 千米之外的出行以航空为宜。

为了大力推进铁路供给侧改革，更好地满足人民群众出行需求，按铁路总公司总体部署，自 2016 年 5 月 15 日零时起，近 10 年来最大规模铁路运行图调整将正式实施。

以广西为例。铁路运行图调整正式实施后，动车将成为广西铁路运输主力，广西也成为全国高铁里程最长的省份。据南宁铁路局客运处处长麻寒松介绍，调图后该局将增开旅客列车 36.5 对，固定客列将增至 229.5 对，比现行运行图增长约 10%。其中，增开普速客车 12 对，在跨局普速列车方面：新增南宁至西宁快速旅客列车 1 对，广西列车首次驶入青藏线，广西与青海两省区间实现了直连直通；新增桂林北至兰州快速旅客列车 1 对，进一步密切了西部地区之间的交流合作，有效缓解了广西往西北地区运能不足的矛盾；新增湛江至汕头快速旅客列车 1 对，使粤西、粤东地区间的联系更紧密。增开动车组列车 24.5 对。动车组列车开行对数达 163.5 对，占列车开行总数的 71%（见图 3-2）。广西铁路客车运能、辐射能力将大幅提升，客车开行结构更加科学合理，服务区域经济社会发展的能力进一步增强。调图后，广西客列通达全国 27 个省份，覆盖范围更广。通过对现行列车运行图进行整体调整和优化，大量增开旅客列车，调整运行区段和运行线路，全面优化了区域内各方向旅客列车的开行结构。跨省动车组列车开行对数增至 124 对，广西与 15 个省会城市可实现动车当日达，极大地方便了广西对外交流合作。

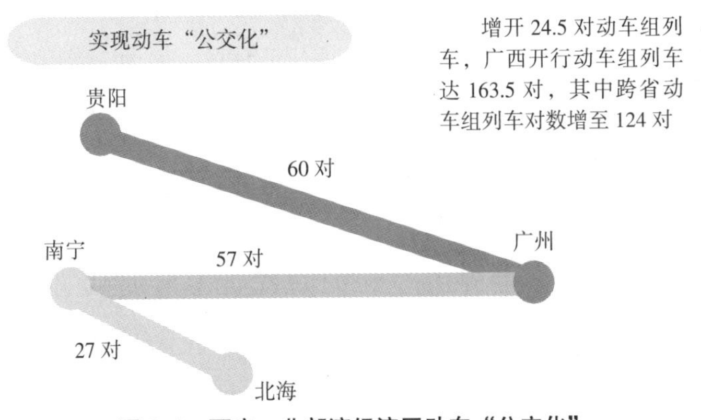

图 3–2　两广、北部湾经济区动车“公交化”

同时，高铁对旅游经济的带动作用日趋彰显。仍以广西为例。4 月 15 日下午，南国早报记者从南宁铁路局获悉，自 5 月 15 日零时起，近 10 年来最大规模铁路运行图调整正式实施后，广西增开 24.5 对动车组列车，开行动车组列车达 163.5 对。其中，跨省动车组列车增至 124 对。两广、北部湾经济区实现动车“公交化”，如图 3–2 所示。

为进一步发展和服务旅游业，推动供给侧结构性改革，此次调图的重头戏仍然是增开动车。通过重点在南广、贵广线上和广西北部湾城市间增开动车，进一步密切北部湾城市群与周边广东、贵州之间的联系，促进泛北部湾地区经贸合作与交流。其中，新增 13 对直通动车组列车：北海至广州南 2.5 对，南宁东至广州南 4.5 对，桂林北至广州南 4 对，广州南至贵阳北 2 对；新增 6.5 对管内动车组：南宁东至北海 3 对，桂林至柳州、南宁东至百色各 1 对，桂林至北海、南宁至北海、柳州至南宁各 0.5 对。调图后，南广线、贵广线动车开行对数分别达 57 对、60 对，两广间动车组列车再次加密，真正实现动车公交化开行，为加快推进两广经济一体化进程提供了交通先行条件。南宁至北海间动车开行对数增至 27 对，动车开行更加均衡，南宁、钦州、北海间基本实现了动车公交化、交通同城化，进一步加速了广西北部湾经济区同城化进程，让经济区内老百姓享受到更多铁路改革发展的红利，为北海旅游产业加速发展奠定了基础。

（三）长期拉动经济增长

有人归结为，全世界历经江河时代、海洋时代，而由于高铁的开通，人类将进入到路桥时代。根据了解，目前法国、日本尽管高速铁路技术很高，但实践中很多受较大限制甚至无法运用。主要原因是，日法等国的空间距离小，高速列车难以提速。列车如果提速太快，沿途没有人流或人流不足，将会导致乘坐率不高，从而影响效率和效益。

根据《金融和经济评估投资：一项初步分析》，乘客密度被定义为某条线路（区段）每年平均每千米营业线上所承载的总乘客人数。当前我国高铁及时速为 200 千米的线路均开行动车组列车 EMU，由 8~16 节车厢组成，据中国铁路的列车时刻表（2014）运营安排，繁忙线路上每天平均有 70~100 对高铁列车运行，在交通高峰期间，每小时多达 8 对列车。据估计，此类线路上的交通密度为 2000 万~3000 万名乘客。我国当前交通密度处于中等水平的线路，每天有 40~50 对列车运行。新调图后，随着新增列车及开行密度的增加，乘客密度会有所提升。部分高铁列车仅在大城市停靠，而其他列车在中小城市也会停靠。辐射线路及周边地区，对经济促动作用明显。

根据《中共中央关于制定国民经济和社会发展第十三个五年规划的建议》，国务院编制了《国民经济和社会发展第十三个五年规划纲要（草案）》，李克强总理在纲要说明中提出："十三五"要以区域发展总体战略为基础，以"三大战略"为引领，形成沿海沿江沿线经济带为主的纵向横向经济轴带，培育一批辐射带动力强的城市群和增长极。加快这些城市群和增长极之间生产要素的流通效率，是提高全员社会生产率的重要手段，加快发展高速铁路建设势在必行。

整个中国的版图，具有长距离加速运行的优势。也正是因为如此，中国京沪高铁运行速度最大预计将推进到 380 千米/小时。京津线路最高运行速度达到了 394.3 千米/小时。中国客流量较大的高铁线路（如北京—上海及北京—广州等）的最大设计速度往往都在 350 千米/小时以上。客流量相对小一些的高铁线路的最大设计速度往往是 250 千米/小时。一般情况下，这两种高铁均为新建的客运专线。这都大大超过了日、法等国目前的高铁运行速度。

国情赋予了高铁更多的责任和使命，高铁必将对拉动我国经济长期发展发挥重大作用。高铁的开通运营在改变人们对空间和时间的概念的同时，其组织和考量经济活动的方式也将发生变化，可以长期影响和改变人们经济决策，对经济发展具有长期拉动作用。

（四）城镇化建设、区域经济发展对高速铁路的强劲需求

推进新型城镇化和农业现代化，促进城乡区域协调发展。缩小城乡区域差距，既是调整经济结构的重点，也是释放发展潜力的关键。“十三五”规划指出：要深入推进以人为核心的新型城镇化，实现 1 亿左右农业转移人口和其他常住人口在城镇落户，完成约 1 亿人居住的棚户区和城中村改造，引导约 1 亿人在中西部地区就近城镇化。到 2020 年，常住人口城镇化率达到 60%、户籍人口城镇化率达到 45%。加强重大基础设施建设，高铁营业里程达到 3 万千米，覆盖 80%以上的大城市，新建改建高速公路通车里程约 3 万千米，实现城乡宽带网络全覆盖。

高铁开通在经济上对周边地区产生深远影响，挑战区域规划，引发各个区域经济的重新洗牌，成为我国区域经济发展的新引擎。高速铁路全面改变中国的不仅仅包括产业结构、产业布局，还有体制改革。以京沪高铁为例，原先预计该线路为 350 千米/小时，现在对外公布的速度是逐步提高到 380 千米/小时。这样的目的是使得京沪 1300 多千米的线路，正常运行时间在 4 个小时以内。据普遍估计，4 个小时是一个时间点，这会促使更多的人改坐火车而不是飞机。

高铁对航空业的冲击只是一方面，更大的影响则是对沿线产业和城市规划的重新布局。以长沙为例，武广和沪昆高速铁路线在长沙交汇，长沙市规划管理局的总工程师王慧芳对外透露，整

个城市规划的修编已经开始。这涉及2010年到2030年规划。同样武汉的高铁客运新火车站位于杨春湖，该地一夜之间成为城市三大中心之一。因此全国高铁经过的地区，都开始对城市产业和商务区进行新的规划。高铁密织网构成了高铁产业链原料—零部件—基建—机械—配套设施—运营与物流以及后续服务七大环节，与高铁产业相关联的上市公司达180多家，较为核心的企业也有62家有余，产业极为庞杂，因而诸多行业皆能从中获得发展机遇。

同时，由于高铁线路极大地缩小了城市距离，很多产业规划的体制性问题得到解决。比如尽管全国规划了几大经济圈，但各地各自为政的一些问题仍没有解决。高铁的开通可能会改变这种局面。

高铁建设可以推动区域经济的产业格局变革，推动区域经济的产业升级和转型。高铁的开通能迅速缩短两个城市之间的距离，促使大批企业为了降低成本，将总部和研发中心留在核心城市，形成较强的人才优势和研发优势，同时将生产部门转移到沿线城市形成服务业和制造业集群，带动沿线城市的经济发展，促使区域经济的产业升级和转型。

当然，某些行业也会因为高铁的跨越式发展而易出现衰落趋势，比如航空业。但总体而言，高铁能够有效地缩小区域间的经济差距，为各个相关企业送来发展曙光。

二、社会发展需要：中国国情和小康社会发展对加快我国高铁建设的迫切要求

（一）从中国国情看我国高铁发展

我国人多地广，幅员辽阔，人力成本低，流动人口多，交通

需求量大。资源分布不均衡；经济发展不均衡。

随着我国高铁网络的逐步形成，高铁给人们带来的高效与便捷也越来越明显。京沪高速铁路原董事长蔡庆华曾公开表示，2014 年京沪高铁日均超过 250 列高铁列车运行，仍不能满足高峰时期旅客出行需求。如果铁路提速，北京到上海的最短时间缩减到 4 个小时左右，每日开行班次可以增加，并且可以缓解运力瓶颈。

1997 年至今，中国铁路历经 6 次提速，随后开始修建高速铁路。截至 2014 年末，中国高铁运营总里程达到世界第一，相当于世界其他国家高速铁路的总运营里程之和，但还是远远不能满足需求。黄金周、节假日部分线路一票难求的状况依然存在。

李克强在“十三五”规划纲要说明中提出：“十三五”要实施一批水利、农机、现代种业等工程，推动农业适度规模经营和区域化布局、标准化生产、社会化服务。到 2020 年，粮食等主要农产品供给和质量安全得到更好保障，农业现代化水平明显提高。目前我国还有一半人口在农村，农业发展需要高铁，农村水利设施工程等建设需要高铁，农业现代化水平的提高需要高铁，农民富裕了发展多种产业、出来看看需要高铁。中国国情决定了当前加快高铁建设的必要性和迫切性。

（二）从小康社会目标看我国高铁发展

根据 2014 年 1 月《人民铁道》的统计，高铁平均上座率为 70%。时速 200~250 千米、300~350 千米高铁二等座票价分别为 0.28、0.48 元/人·千米。该价格为传统特快火车票价的 3~4 倍，但低于或与打折机票价格差不多，低端票价与城际巴士的费用相当。该票价与世界其他国家同等高铁票价相比，只有其 1/5~1/4。高铁可提供世界一流的优质服务与舒适享受，可谓物美价廉，符合小康社会发展趋势。

人民网2015年10月8日刊载报道《国庆黄金周广铁共运送旅客930万人 假期“高铁效应”凸显》，指出2015年“十一”黄金周7天时间里，广铁集团共运客930万人，其中管内10条高铁运量占广铁总运量的6成，出现国庆黄金周的“高铁效应”。

从2015年“十一”黄金周广铁集团的旅客运输情况看：7天的时间里，运送了930万人，为历史最高，而广铁管内的10条高铁线路，发送量超过560万人，同比增长22%，占广铁总运量的6成。另外，新开通的贵广和南广两条高铁线路表现也很抢眼，国庆期间，这两条线路上开行的高铁座无虚席，为粤桂黔三省群众出行带来了很大便利。

由此可见，大众对于高铁的信心越来越强，而出行时对高铁的依赖越来越强，高铁凭借其“高密度、公交化、大运量”的特点，让旅客随时购票、随地上车、随意出行，成为大众化的交通工具，成为了人们出行的首选。

（三）从城市发展对高速铁路需求看我国高铁发展

陆续开通的“四纵四横”高铁网将中国东部、中部、中西部地区大多数城市圈入其中，形成了环渤海、长三角、珠三角三个城市群的轨道交通网，带动周边城市的经济发展，高铁对城市发展已经发挥了较好的推动作用。但城市发展对高铁的需求依然旺盛，体现在当前高铁网的“密度”尚显不足，覆盖面更是远远不够。全国经济体制改革工作会议明确推进多项重点领域改革，其中包括1亿非城市户籍人口将落户城市。城市的扩展及人口的增长对高速铁路的需求将日益强烈，特别是我国正处于城市化水平持续提高的阶段，需求是强烈而长远的。

在推动城市发展的同时，高铁带来的便利会让企业自身形成更为强烈的产业整合需求，减少地方政府强势管理导致跨行政区域产业整合的难度系数，而且人口的外移也降低了地方政府对城市开发的需求，进而地方政府能够腾出精力来在产业开发上大展拳脚。只要政府能够及时给予相应的政策配套，有效地避免“虹吸效应”的出现，高铁网定会为区域经济带来前所未有的发展机遇，推动“城市开发”向“产业开发”转型。在这方面，高铁发展更有很长的路要走。

三、加快高铁发展的生态需要

随着资源环境问题频发且呈现加重趋势，生态保护在全球范围内日益受到重视。以“环保、低碳、节约”为核心的可持续发展理念已经成为国际社会的普遍共识，世界各国都提出将“低碳、节约”作为经济发展的前提和根本出发点，而高铁的建设、发展与运营符合这一发展理念，具有良好的生态意义。近几年来，尽管全球经济不景气，但随着人们对高铁环保、生态意义的研究和认识，轨道交通装备行业呈现出强劲的增长态势。国外不少国家加快了高铁建设步伐。

2015 年 12 月召开的中央城市工作会议正式发布了国家新时期的建筑方针——适用、经济、绿色、美观。中国人在有“移山志”改造自然的基础上，历来都是敬畏自然的。同样，高铁建设应有“移山志”，改造自然，改善交通，造福人类，但更具有很好的生态意义。高铁在快速、高效改变人们当前出行的同时，并不比以前公路“九曲十八弯”，铁路“逢山开路”“遇水架桥”，甚至古栈道、古航道破坏生态平衡。相反，高铁以其高平顺性要求，桥隧占比较多及相对封闭性，具有占地少，对生态切割（江河、山川植被及城市、人文）影响少，噪音也相对较轻。已开通运营高铁在生态方面普遍反映较好。在以后的高铁发展中，在高铁规划时应该坚持生态环境规划在前，保护生态安全底线不能突破。一系列用地规划和车站、设施建筑指标规划应与时俱进，重新审视管理，以节约用地、提高效率、缩短距离、以人为本的理念和原则把控高铁发展的生态要求。同时，应看到合理的建筑成本控制、合理的建筑规模和标准、良好的节能措施以及全寿命周期考虑的经济合理性也是评价高铁是否具有良好生态意义的重要指标和因素。

据央行行长周小川 2016 年 4 月 16 日预测，估计未来五年内，中国需要每年在绿色领域投资约 6000 亿美元，是目前绿色投资水平的两倍。2018 年第一季度，中国发行了超过 80 亿美元的绿色债券。笔者认为，中国的生态发展和绿色投资应正确评价和考虑中国高铁发展对中国生态、绿色发展的意义和作用。

四、巩固国防和国家安全的需要

中国人民解放军军事科学院肖裕声少将认为，中国高铁走出去具有重要的国防军事意义。加快高铁建设，是加强战略输送能力建设的历史选择，可以为国防军事提供远程快速输送能力，为提高军队快速输送能力提供宝贵的经验。他说："高铁，不仅是经济发展的'新引擎'，还是军事运输的'快车道'，其重要的经济军事战略价值浅显易见。"

国家安全的基本保障是拥有制空权、制海权、制陆权和制天权。美国以发展航母为基础和支点，在全世界建立了庞大的基地群，这是服务于它全球战略的"制海权""制空权"。当前世界经济大国竞相发展宇宙航天技术，是为了掌控"制天权"。中国是一个陆权大国，铁路修到哪里，国家的意志就通达到哪里，国家的安全体系就建构在哪里。高铁建设与发展将为中国带来一个陆权时代，国内高铁的快速发展是我国高铁“走出去”的前提。中国高铁的发展和“走出去”可以在全球战略态势上建立起一个国家安全网络。可以说，谁制定了未来世界范围内高铁的技术标准和管理体制，谁就掌握了保障国家安全的“陆地法”。中国高铁“走出去”维系着中国在欧亚地缘政治和全球格局中的地位，维系着边疆民族团结、社会稳定、国防安全的重大使命，中国高铁的发展和“走出去”有利于建立庞大、高效的国家安全体系。

第二节　当前加快我国高速铁路建设的可行性研究

一、建设优势

（一）建设成本低

我国劳动力成本较低。据世界银行驻中国代表处欧杰、宋迪、周楠燕 2014 年 7 月的《中国高速铁路：建设成本分析》研究表明，中国的高铁网络建设速度很快，而且与其他国家类似的项目相比，单位成本相对较低。本书研究了此次高铁的发展、单位建设成本及其主要的成本构成。同时，也给出了中国高铁相对较低的建设成本的原因。

对 2013 年末 27 条运行中的高铁建设成本进行分析显示，各条线路的单位成本差异很大。2014 年 7 月设计时速 350 千米的线路单位成本为每千米 9400 万至 1.83 亿元。设计时速 250 千米的客运专线（个别除外）的单位成本为每千米 7000 万至 1.69 亿元。加权平均单位成本为：时速 350 千米的项目为 1.29 亿元/千米；

时速 250 千米的项目为 0.87 亿元/千米。根据世界银行发布的报告数据显示，中国时速 350 千米的铁路项目建设的加权平均单位成本仅相当于国际常规建设成本的 43%；时速 250 千米的项目建设的加权平均单位成本相当于国际常规成本的 30%左右。尽管受征拆成本、地材、地料成本差异大等因素影响，我国高铁建设成本优势仍然明显。

这些成本数据能够笼统地反映我国高铁建设成本的水平，但只给出了总数。成本支出产生于不同年份，且由于受通货膨胀及铁路建设服务的供求波动影响，可能无法对成本进行直接比较，但可以为新项目提供有用的参考价值。以上数据包含了 2007~2013 年《中国交通年鉴》所列工程成本状况。虽然土地征用开始于铁路施工之前，但土建工程的开工标志着铁路施工的开始，当时融资成本水平及时间期限长短，甚至利率调整翘尾因素都会影响建设成本。

高铁建设成本包括工程筹备、土地、土建工程、轨道工程、车站工程（但只含部分大车站）、四电工程、机车车辆、维修场站，以及建设期利息等成本。由于样本中时速 250 千米的项目大多是在 2010 年前建设的，而当前运营的时速 250 千米线路大多是两年多之前开通的，考虑物价涨幅及通货膨胀因素，现在时速 250 千米的高铁建设成本应该会更高。

根据官方旅行网站资料，各国高铁建设成本状况为：法国每千米 1.5 亿~1.95 亿元；德国每千米约合 2.11 亿元；日本每千米约合 1.8 亿~1.93 亿元人民币。

以上成本数据来源于中国铁路总公司与原铁道部的官方出版物。

世界银行支持的中国高铁项目成本状况：

自 2006 年起，世界银行为 6 项速度达 200 千米/小时及以上的铁路项目提供资金及技术支持。其中，石家庄—郑州高铁项目（属于京广高铁的一部分）于 2012 年 12 月建成并投入运营，该项目不包含隧道，69%的高架桥轨道成本占到了总成本的 41%；而其他几项工程处于施工的不同阶段，个别项目陆续开通试运营。

在 6 个世界银行所支持的高铁项目中，各个成本要素在总成本中所占的比重状况为：设计时速 350 千米项目，土建 48%，机车车辆 15%，轨道 9%，电力 5%，征拆 4%，其他 19%；设计时速 250 千米项目，土建 50%~54%，机车车辆 3%~4%，轨道 9%~11%，电力 4%~5%，征拆 4%~8%，其他，余数；设计时速 200 千米项目，土建 44%~51%，机车车辆 5%~7%，轨道 6%~7%，电力 4%~5%，征拆 6%~9%，其他，余数。从上述数据分析可以发现，因桥隧比重不一影响土建成本比重较大，设计时速越高，桥隧占比越大，征拆成本越低，然而机车车辆占比越高。

据估计，在世界银行支持的项目中，对于双线铁路而言，高架桥的成本在 5700 万~7300 万元/千米之间。通过采用标准化设计及标准化制造工艺铸造横梁并将其铺设于高架桥之上，可保持较低的成本。高架桥横梁的跨度已标准化为 24 米梁和 32 米梁（重量约为 750800 吨）。在铁路沿线临时用地设立梁场生产横梁。每片梁均由专用运梁车运至桥墩下，再由专门设计的架桥机设备将其架设至高架桥上。32 米长的横梁的成本约为 80 万~100 万元。板式轨道也是在铁路沿线设立的临时生产厂生产。板式轨道用于速度为 350 千米/小时及 250 千米/小时的客运专线；而时速为 200 千米的铁路用有砟轨道。轨道板式选取考虑了设计时速标准及建设成本，同构筑物类别及比例一样，对高铁单位成本具有较大影响。

影响高铁建设成本的重要因素：

世界银行认为，中国高铁之所以具有较低的单位建设成本，主要有以下 5 个原因：

（1）劳动力成本相对其他高铁建设国家要低廉。

（2）鉴于中长期规划，高铁施工单位及设备开发、生产、供应商具有建设高铁的积极性，每建设一条高铁都会自我研发和采用一批新技术，生产技能得到迅速提升。而施工单位也在机械化施工及高铁设施建设过程中开发了很多具有竞争优势的本地资源，大大降低了单位成本。

（3）中国高铁施工普遍采用在沿线征用临时用地建立梁场生产高架桥部件，然后采用铺设轨道的方式提运架，建设成本低。梁场及临时运输大陆用地在高铁建设竣工后可及时恢复归还，梁场生产设备可拆移到另一个施工点重新安装使用，最大限度地降低了拆迁成本、运输成本，减少了农田占用及补偿。

（4）较大规模的高铁建设业务量，使建筑施工企业可以采用摊销资金的方式（延续工作量直线法折旧），购买可用于多个工程的高成本施工设备，有助于降低单位成本。

（5）健全的产业链使成本降低。中国拥有目前最全的高铁动车组制造产业链，而且产品实现了标准化、规模化生产，这使以更低价格采购到同样品质的零部件成为可能。

在我国长期的高速铁路建设实践中，高铁及时速 200 千米铁路工程建设成本受若干因素的影响。主要因素包括路线设计速度、轨道类型、沿线地形、天气条件（如极低气温需要对路基进行特殊设计，参用特殊施工措施）、土地征用成本（在人口密集的城市地区，这项成本相当高）、用高架桥代替路基、大型跨河桥梁的建设及大型车站的建设等。

例如，北京—天津高铁单位成本为 1.83 亿元/千米，高于通常的水平，原因在于它包含两个大型车站（北京南站和天津站也供其他路线使用）的成本。上海—杭州高铁的单位成本（1.77 亿元/千米）也较高，因为该高铁穿越华东，人口稠密、土地价值高，项目成本包括几座特大桥梁，以及土地征用与搬迁安置方面的高成本。在高架桥上铺设轨道，虽然成本相对于路基更高，但在中国这种方法往往是作为首选，原因在于这可最大限度节省土地及区域切割。具体而言，山区需要进行大量的隧道和桥梁建设，在此类地区中，隧道和桥梁的长度占到了铁路总长度的 80%。三座长度较大的陆上桥（高架铁路）均属于北京—上海的高铁（于 2011 年开始运营）。这三座桥分别为：164 千米的丹昆特大桥、114 千米的天津特大桥及 48 千米的北京特大桥——当时长度分别位列世界第一、第二及第五。石家庄—郑州铁路（横穿富饶的平原地区）69%的轨道位于高架桥之上，以最大限度地减少土地占用及搬迁，从而对单位成本有较大影响。

跨越可航行的河流或者需要适应特殊地形特点（如山地等）的特殊桥梁每千米的成本可能会比普通高架桥的成本高出很多。如贵广铁路跨江斜拉钢桁梁桥的桥塔高度为 105 米，总长为 567 米，预计总投资为 4.9 亿元，单位成本为 8.64 亿元/千米。此类桥梁的设计目的在于应对特有的要求，需要更精密的设计和更尖端的施工技术。通常情况下，此类桥梁只占全部桥梁中的一小部分。若某项目包含了较多特殊桥梁（如世行项目中的西江特大桥和思贤窖特大桥），则整个项目单位成本就会较高。如肇庆附近的西江特大桥，该悬索拱桥在西江上的主跨度为 450 米，总长 618 米，总投资为 5.8 亿元，单位成本为 9.38 亿元/千米。

火车站发挥着交通枢纽和城市中心区的双重作用。许多火车站均为城市的地标性建筑，不仅代表了当地的文化传统，而且支持着城市的扩张。各车站的交通量大不相同，因此，各车站的面积及成本也明显有所不同：小车站（3000 平方米）的成本约为 4000 万元，而大型车站（类似于机场候机楼）的成本则高达 130 亿元。常规车站（而非大型车站）的成本通常包含在总项目成本之内，占到总成本的 1.0%~1.5%。大型车站的建设通常单独立项，其成本并非总是包括在高铁项目成本之内。大型车站往往建于大城市，常为类似于机场候机楼的大型建筑，十分注重建筑风格及建筑本身与当地文化的巧妙融合。因此，北京南站的鸟瞰效果常常会让人想起天坛；武汉车站类似于一只展翅的大鸟，其设计创意源自于武汉市的象征——黄鹤。虽然大型车站的建设成本较高、面积较大，但在旅游高峰期也是人满为患。此类车站通常有三至五层楼，乘客可在车站内换乘火车、汽车及地铁。乘客在上海虹桥车站可换乘飞机与火车，未来还可换乘磁悬浮列车。车站希望为大量客流提供快速舒适的换乘设施。其中比较著名的车站包括北京南站（面积为 310000 平方米，总投资 63 亿元），武汉站（面积为 114000 平方米，总投资 41 亿元），广州南站（面积为 486000 平方米，总投资 130 亿元）及郑州东站（面积 412000 平方米，总投资 95 亿元）。据估计，贵广铁路（250 千米/小时）线上 16 座新建车站的成本为 11.6 亿元，占总工程成本的 1.2%。

根据 D.P. Crozet 的统计数字，法国 4 条在建高铁线路的估计成本每千米单位成本约合 1.8 亿元，2013 年法国 4 条在建铁路的单位成本为 1.5 亿~2.1 亿元。对比欧洲近期高铁项目大概的建设成本，中国的高铁建设成本明显低于世界其他国家。根据世界银行贷款项目的情况，铁路建设成本约为上述总项目成本的 82%。对于时速 350 千米的中国高铁而言，单位成本通常是每千米 1 亿~

1.25 亿元，其中高架桥和隧道所占比例较高。据估计，欧洲高铁（设计时速 300 千米及以上）的建设成本高达每千米 1.5 亿~2.4 亿元。据估计，加利福尼亚州高铁的现场施工及路权成本约为每千米 1000 万美元，占总成本的 17.6%。中国土地征用及搬迁安置工作的成本仍然只有项目总成本的 8%以下。加利福尼亚州高铁建设成本（不包括土地、机车车辆和建设期利息）甚至高达每千米 5200 万美元，约合 3.2 亿元。依据加州高铁管理局（California HSR Authority）2014 年商业计划草案及 2013 年 12 月国际交通论坛公布数字，显而易见，中国高铁的建设成本远远低于其他国家铁路的建设成本（虽然考虑到成本统计过程中会有不同，但这个比较已是最客观估计）。中国之所以具有较低的高速铁路建设单位成本，原因不仅在于劳动力成本较低，而且还在于其他几个方面的因素。从规划层面来说，颁布客观可行的中长期计划——中国将在未来几年内建造高铁里程达 10000 千米——激发了施工单位及设备供应团体的积极性，迅速提升产能和采用创新技术，以利用与高铁相关的大量施工资源。相关施工单位在机械化施工及制造过程中开发了很多具有竞争优势的本地资源（土建工程、桥梁、隧道、动车组等），也大大降低了单位成本。此外，规模和庞大的业务量允许采用按工作量摊销资金投入（折旧方法）的方式购买可用于多个工程的高成本施工设备，也有助于降低高铁建设单位成本。

其他有利于成本降低的因素包括：国情、政治成就相对较低的土地征用及搬迁安置成本；商品及部件的本地化设计与制造；路基、轨道、高架桥、电力、信号与通信系统的标准化；等等。例如，虽然中国引进了德国的板式轨道制造工艺，但由于中国的劳动力成本较低且产量很大，因此中国制造该产品的成本比德国产品低 1/3 左右。此外，专业的隧道施工技术不仅降低了单位成本，而且保证了每天建造 5~10 米隧道的世界领先速度。中国高铁隧道建设成本（约为每千米 1000 万~1500 万美元）远远低于其他国家。据报告，平均每千米隧道的成本：新西兰约为 4300 万美元；美国约为 5000 万美元；澳大利亚约为 6000 万美元（埃弗龙、里德，2012）。隧道的成本受到地质情况及劳动力成本的很大影响，而中国劳动力成本较低，从而有助于降低建设成本。中国铁路在 6~7 年时间内完成了超过 10000 千米的高速铁路网建设，而且单位成本低于其他国家相似工程（其成本却最多只占其他国家高铁成本的 2/3）的实践，可谓一大壮举。

高铁主要交通走廊的交通量巨大，自投入运营后，高铁一直凭借其良好的可靠性输送着大批旅客。中国高铁呈网络规模化发展，高铁网络规模大。这使得桥梁、隧道、车站等不同建设部分的设计可以实现标准化；施工单位和设备供应团体针对设备制造和建设进行更具有竞争力和创新性的开发设计，以及可以在众多项目上（乃至高铁以外项目）摊还项目设备的资金成本。实现项目设备等成本的持续分摊，具有显著的规模经济和范围经济的优势。多项研究数据显示，总体来讲，中国铁路建造成本是世界发达国家平均水平的 1/3~2/3。

（二）建设工期短

中国高速铁路建设工期短，同规模高铁建设速度一般要比发达国家快一倍以上，其在短时期内迅速打造大规模高速铁路网络的业绩举世瞩目，让国际社会印象深刻。

中国铁路勘测设计单位在勘测设计中已广泛应用全球卫星定位系统、遥感技术和地理信息系统、BIM 等技术，实现了勘测设计一体化，铁路工程勘测技术跻身世界先进行列。这为中国高铁勘测设计的高效精确提供了有效保证，为高铁建设的高效、精准、快速施工和整个工期的缩短奠定了基础。

（三）建设质量好

我国高铁建设在中长期规划的基础上稳步推进、实施，科技攻关、创新及精准的勘察、设计，为良好的建设质量提供了前提和保证。无砟轨道板几经改造、研发、创新，其抗裂、抗静动荷载强度及使用寿命（可使用上百年）等方面达到世界领先水平。桥梁、隧道施工工艺精湛，工法创新，外观设计新颖，建设质量优良，部分建筑外美内实，与周边环境和谐搭配，浑然一体，如同艺术品，规模、质量屡创世界第一。2007 年以来，经过 110 列动车超过 1 亿千米的运营实践表明，故障率为每百万千米 1 件以下，动车组的安全性、可靠性、舒适性等性能指标均达到世界先进水平。实际运营标志着我国高铁研发实现了由追赶到领先世界的超越。

（四）技术优势明显

中国高铁在性价比方面的优势十分明显，目前在技术方面也是全球领先。我国按照“先进、成熟、经济、适用、可靠”的技术方针，通过对国外高铁新技术的不断引进、消化、吸收、创新和提高，已经成为世界上少数几个全面掌握高铁完整技术的国家之一，总体技术世界领先。中国高铁从研究起步开始就参考世界高速铁路最先进的技术成果，坚持原始创新、集成创新和引进技术消化吸收再创新，坚持以我为主、博采众长、系统集成的思路，重点突破设计、施工管理、系统联调联试等核心技术和关键设备国产化等关键领域，形成了具有自主知识产权的高速铁路技术平台和技术体系。

中国铁路勘测设计中综合考虑速度等级、线路选线条件、列车运行安全性、旅客舒适性以及建设成本等因素，其施工标准与国际标准一致。技术上广泛应用全球卫星定位系统、遥感技术和地理信息系统、BIM 等先进技术，勘测技术处于世界先进行列。

无砟轨道测量精度要求高、技术新，测量方法和理念与传统的普通有砟轨道完全不同。在轨道生产和铺设方面，我国无砟轨道板的抗裂、抗静动荷载强度及使用寿命等方面有关问题都得到了很好的解决，CRTS Ⅰ 型板式轨道技术、CRTS Ⅱ 型板式轨道技术、双块式无砟轨道技术、岔区板式无砟轨道技术成熟可靠，CRTS Ⅲ 型板式无砟轨道技术、高铁无砟轨道维修技术经改造、研发创新后拥有自主知识产权，无砟轨道技术，填补了我国高速铁路无砟轨道的技术空白。铺设技术经过长期探索、实践，高效、精准，世界瞩目。目前，法国全部采用有砟轨道，德国新线建设采用无砟轨道，日本除道岔区以外采用无砟轨道，我国运营时速 350 千米的高铁全部采用无砟轨道。

在桥梁建设方面，中国已掌握了新型结构大跨度桥梁建设技术，突破了大跨度桥梁采用无砟轨道、车桥线动力响应仿真、无砟轨道桥梁设计建造、车站桥梁设计建造等桥梁施工关键技术。其中，车站桥梁设计建造技术能形成集铁路、地铁、地面公共交通和商业设施为一体的大型综合交通建造技术，实现了房内设桥和桥上设房的新型客站建设。目前已建成的武汉天兴洲长江大桥是我国首座四线公路铁路两用斜拉索桥，创下了跨度、荷载、速度、宽度 4 项世界第一。

在隧道建设方面，中国突破了复杂地质（薄弱围岩，地下水丰富等）艰险山区条件下高速铁路长大隧道群和水下隧道建设的技术难题，实现了动车组列车在隧道内以时速 350 千米运行和交会。

我国高铁施工队伍在高铁路基、桥梁、隧道、线路、电力、通信、信号、车站的建设方面具有十分丰富的经验，曾建设了总里程世界第一、最高设计时速 350 千米的武广高铁；我国建设了首条时速 350 千米的寒地高铁——哈大高铁；全球唯一的热带地区高铁；有“世界第一条山区高速铁路”之称的成贵高铁以及采用目前世界上最先进的 TBM 掘进机建成的我国目前里程最长、直径最大的铁路隧道——兰渝线西秦岭隧道。这些都表明我国的铁路施工技术达到了世界领先水平。

在机车方面具有领先技术优势。当前，我国已经在包括通信设备、弓网供电技术、高速转向架、牵引传动系统等基础技术方面，拥有完全自主知识产权，而且达到了国际先进水平，其造价低于其他国家。

我国在引进时速 200 千米及以上动车组技术的基础上，通过快速消化吸收再创新，突破了制约速度提升的核心技术，使国产高速列车实现了由时速 200 千米到 350 千米的技术升级。同时在大断面宽车体、高速轮轨、高速受流、高速制动、人机界面等方面，进行了系统创新研发，形成了我国具有完全自主产权的高铁动车组。我国高速铁路动车系统的创新，注重我国高速铁路特别是西部高速铁路线路设计的灵活性，可以更好地适应不同地形地貌和绕避不良地质，从而达到降低各种潜在工程风险，节省工程投资和行车安全的目的。

我国对动车组技术进行引进、消化、吸收再创新，目前，我国已全面掌握了高速动车组总成、车体、转向架、牵引变压器、牵引变流器、牵引控制系统、列车网络控制系统等 9 项高铁核心技术，建立了时速 200~250 千米和时速 300~350 千米两个速度等级的技术平台，并具有完全自主知识产权。最新研制的 CRH380A 新一代高速动车组最高运营试验时速超过 400 千米，最高持续运营时速 350 千米，号称“陆地航班”。此外，为应对复杂恶劣的天气条件和地理环境，我国还自行设计出耐高寒，防风沙，耐高温、高湿等多种类型的动车。中国中车成立后，将大幅度提升我国高铁产业的国际竞争力和影响力。“十三五”期间铁路“4 万亿”投资持续有利于中国中车业绩增厚和进一步研发创新。

截至目前，中国铁路系统几乎涵盖了所有情况下的铁路工程，而节假日、黄金周等超高客流量的成功运送，也检验了中国高铁运营体系的韧性和强度，积累了高铁运营管理的丰富经验。同时，中国高铁施工和运营技术因中国地域广阔（跨越热带、亚热带、温带及高原严寒地带等），人口众多，运行中经受了冰雪、台风、暴雨等各种自然灾害检验以及特殊时期高峰客流和动车大幅加密等诸多考验。多年来，行车组织指挥、客货运输组织秩序良好，达到了世界领先的高铁施工、运营技术水平。为保持完整的客运铁路网，增强机动灵活性，中国高铁采取和既有线跨线运行方式，相比日本的高速铁路和既有线不兼容，德国、法国高铁和既有线采取高速列车下线覆盖既有线的方式，我国的高铁运输组织方式已经站在了世界高速铁路运输组织的制高点。截至 2010 年 7 月，中国高铁技术已实现专利化、专利标准化和标准国际化，申请高速铁路相关专利授权 946 项，最近几年专利授权日益增多并呈继续增长趋势。

二、国情、政治优势

（一）高铁运能和需求存在较大差距

前已述及，我国幅员辽阔，人口众多，资源分布不均衡，地区发展差异大，这些客观上加大了我国铁路运能的需求。除了现有运力方面需求的增强，高铁发展对人们出行理念和习惯的改变，使人们越来越认可高铁，越来越依赖高铁，使人们对高铁的需求日益增强。当前，高铁运能和实际需求存在较大差距。

（二）经济实力强

据2011年8月17日有关报道，中国已超过日本成为全球第二大经济体。另据国际货币基金组织（IMF）估计，2016年美国经济规模是17.4万亿美元，而中国的经济规模则是17.6万亿美元，中国在2016年已经超越美国成为全球最大经济体。2015年10月9日，在美国首都华盛顿，国际货币基金组织总裁拉加德在新闻发布会上讲话表示，虽然按照购买力平价标准中国将超过美国成为世界第一大经济体，但衡量一国经济实力要看综合因素。她敦促美国尽快批准旨在给予包括中国在内的新兴经济体更多话语权的国际货币基金组织份额与治理改革方案。中国日报网2015年10月10日报道，国际货币基金组织（IMF）近日发布的数据显示，按照购买力平价（PPP）的计算方式，中国经济规模将超过美国，成为世界第一大经济体。

《每日电讯报》2015年10月9日报道，IMF数据显示，截至2016年底，中国的GDP将达到17.632万亿美元，占全球GDP的16.48%，而美国GDP将达17.416万亿美元，占全球GDP的16.28%。《基督教科学箴言报》2015年10月8日报道，IMF表示，如果通过原始数据计算，中国的GDP仍低于美国，但从“购买力”的角度计算，中国的经济规模超过了美国——即1美元在中国餐馆或商店中，能够买到比在美国更多的东西。

中国人口是美国的3倍以上，超越其他国家成为世界最大经济体只是时间问题。但中国的发展也象征着美国的衰退——在美国，经济复苏的速度低于预期，富人与停滞不前的中产阶级之间的收入差距逐渐拉大。在2005年，中国经济规模还不到美国的一半。据国际货币基金组织预计，到2019年，中国经济规模将超过美国20%。中国超越美国的速度比许多人预期的要快，中国经济稳步增长的方式与美国2007~2009年经济大衰退后的疲软表现形成了鲜明对比。

即便经济总量如此，中国经济也不是不存在挑战和问题，其中较为显著的就是环境可持续发展、贫困问题和老龄化人口的社会福利需求问题。为了解决这个问题，关键的一步是要更多地通过国内消费来促进经济增长，而非依靠充满较大不确定性的出口机会。中国领导人对此有着足够的认识，并将依托国内消费和投资拉动经济发展视为一个重要的目标。鉴于中国的国情、需求和经济发展状况，发展高铁成为历史的必然。当然，与之相关的争论也伴随着高铁的建设和发展至今仍不绝于耳。

（三）政治、体制优势与政府支持

在我国，党的集中统一领导为集中力量办大事提供了坚强的政治保证和组织保证。当前，铁路体制改革实现重大突破，实施政企分开，推进简政放权，加快职能转变，大力削减铁路行政审批事项，推进铁路投融资体制改革，激发市场活力。鼓励和扩大社会资本投资建设铁路，发起设立铁路发展基金，推进铁路运输价格市场化改革，支持铁路发展，政策日趋完善。

政府大力支持高速铁路发展，是中国高铁独具的优势。在西方国家，因高铁建设投入大、建设周期长、回收速度慢、征地拆迁及协调各方难度大等问题突出，高铁建设常常遭遇各方阻力。

而中国的高铁建设历来受到中央和地方政府的高度重视。中央政府鉴于我国国情、国力，十多年来在中长期规划及规划实施方面一直保持大额度的资金支持高铁建设，多方协调，广开融资渠道，保证高铁建设的需要。同时，地方政府也积极参与投资，并在土地使用和拆迁等方面给予配合支持。

政府对铁路项目的有力支持，有利于铁路施工企业专业特长的充分发挥，实现高铁设计、施工企业与项目所在地、经过区域经济发展和项目高效建设，按时开通，互利共赢，这是中国高铁发展得天独厚的优势。

（四）中国高铁科研团队创新能力

分析中国高铁的快速发展，除了政府支持因素外，离不开中国高铁科研团队放眼世界，具有前瞻性的预判能力，攻坚克难的奋斗精神和对先进技术消化吸收再创新的强大能力。

从2004年始，按照党中央、国务院确定的“引进先进技术、联合设计生产、打造中国品牌”的总体要求，中国的科研院所、高校及其工程技术专家、研究人员，积极跟进，开辟产学研相结合新路，本着“先进、成熟、经济、适用、可靠”的基本方针，以极大的热情投入高铁技术的原始创新、集成创新和研发创新，科技部与原铁道部集中国内一流高校、两院院士领军的专业科研团体，集中一切相关企业资源，共同建立起首个中国铁路装备现代化自主创新平台，成功搭建了世界最先进的高速动车组技术平台、最大功率电力机车技术平台，开始进行时速380千米CRH380BL型动车组样车的自主创新设计，最终在2007年打破世界技术壁垒，掌握了具有自主知识产权的无砟轨道技术，在此基础上，构建基于顶层指标分解、异地协同设计，机车、线路仿真、试验一体化研发平台。经过两年多的艰苦实验探索，完成仿真计算850余项、台架试验620余项、线路试验240余项，突破了速度能力、制动性能、智能控制、节能环保、旅客界面等关键技术，实现了600千米/小时以上的临界实验速度及487.3千米/小时的世界高速铁路最高运营试验速度，相比原来的时速350千米高速列车，运行阻力减少 8%。建设高速铁路，需要大规模的资金，在国外，高速铁路的投资，基本都是企业或个人的投资，不具有这样的资金规模。而在中国，由于国家、政府的支持，才得以完成。中国高速铁路发展规模之大、速度之快，从某个方面来说，是社会主义制度优越的体现，也是国外高铁建设缓慢的反证。

在国内高铁研发创新的同时，我国重视与世界各国就高铁研发交流合作，目前已陆续与三十多个国家开展了不同形式的合作，确保中国高铁发展引领世界水平，引领世界标准，避免闭门造车。

第四章

加快我国高铁建设与“走出去”倡议实施研究

2013 年 9 月 7 日，中国国家主席习近平在哈萨克斯坦共和国发表重要演讲，首次提出丝绸之路沿线各国应加强政策沟通、道路联通、贸易畅通、货币流通、民心相通，共同建设“丝绸之路经济带”的倡议。2013 年 10 月 3 日，中国国家主席习近平在印度尼西亚国会发表重要演讲时又提出，中国致力于加强同东盟国家的互联互通建设，愿同东盟国家发展好海洋合作伙伴关系，共同建设“21 世纪海上丝绸之路”。“一带一路”的提出为中国高铁“走出去”提供了机遇。

由西南交通大学与《光明日报》社主办的首届中国高铁“走出去”高峰论坛（Summit on Globalization Strategy of China's High Speed Railway）于 2013 年 12 月 14 日在西南交通大学九里校区国际会议厅成功举办。论坛发表了《中国高铁走出去成都宣言》。宣言指出，推动中国高铁“走出去”倡议的顺利实施，是所有与会机构和全体代表共同的责任和使命；宣言承诺，以最大的热情、最大的努力、最大的诚意、最大的勇气，为中国高铁“走出去”倡议的实施，为各个国家和地区共享中国高铁成果而共同努力。

随着中央"一带一路"倡议的落地，中国高铁"走出去"等国家倡议的推进实施，中国高铁成为公认的国家名片，高铁出口将迎来实质较快增长。"一带一路"倡议构想高瞻远瞩、影响深远。"一带一路"倡议的实施对密切中国同中亚、南亚周边国家以及欧亚国家之间的经济贸易关系，深化区域文化交流与合作，统筹国内国际共同协调发展，对积极推进西部大开发和对外开放，都具有重大意义。

"一带一路"倡议主要包括以下经济带和线路：中蒙俄经济带，主要包括环渤海、东北地区与俄罗斯、蒙古等国家的交通与能源线路、通道，并向东连接日本和韩国，向西通过俄罗斯连接欧洲；新亚欧陆桥经济带，主要包括原来的亚欧大陆桥向西通过新疆连接哈萨克斯坦及其中亚、西亚、中东欧等国家的线路；中国—南亚—西亚经济带，主要包括云南、广西连接巴基斯坦、印度、缅甸、泰国、老挝、柬埔寨、马来西亚、越南、新加坡等国家的线路；并通过亚欧大陆桥的南线分支连接巴基斯坦、阿富汗、伊朗、土耳其等国家。海上方面，主要通过连接环渤海、长三角、海峡西岸、珠三角、北部湾等地区的港口、滨海地带和岛屿，共同连接太平洋、印度洋等沿岸国家或地区。

从"一带一路"倡议构想中可以看出，"丝绸之路经济带"的核心任务是各国共同发展经济，同时逐步扩大中国在国际上的影响力。习近平强调，建设丝绸之路经济带关键是互联互通，要以交通基础设施为突破，实现亚洲互联互通的早期收获，优先部署中国同邻国的铁路、公路项目。在此基础上，中国将与沿途各国积极探讨完善跨境交通基础设施建设，逐步形成连接东南亚、南亚、西亚的交通运输网络，为各国经济发展和人员往来提供更大便利。

2014年8月，习近平主席出访蒙古国时表示，“欢迎大家搭乘中国发展的列车，搭快车也好，搭便车也好，中国都欢迎，正所谓‘独行快，众行远’”。2014年11月，国家发改委先后批复了16条铁路的基建项目，总里程超过1万千米，横贯亚欧大陆桥，从而推进了欧亚大陆铁路建设高潮。项目的实施将使中国向北可与俄罗斯、向东可与日本和韩国、向西可与西欧、向南可与北非实现交通线及管道连接。中国高铁在推进丝绸之路经济带的作用将得到充分体现。

中国高铁“走出去”倡议与“一带一路”建设理念不谋而合。在国务院加快推进铁路建设和“中国制造2025”的大背景下，“十三五”期间铁路完成4万亿元投资极有可能，这显示了未来几年以高铁建设和机车制造为代表的我国基建投资增速将有所加快，“走出去”的步伐会有所加快。2014年，习近平主席在APEC峰会加强互联互通伙伴关系对话会上提出，中国将出资400亿美元成立丝路基金以强化基础建设。为了响应习总书记提出的愿与丝绸之路相关各国共同建设“一带一路”的倡议，在外交部、发改委、文化部等相关部委的支持和推动下，通过中国民政部备案登记并在中国正式成立了“中国丝绸之路专项基金委员会”，用于连接三大洲的基础设施建设。从而使高铁成为升级版的丝绸之路，把高铁“走出去”上升到国家倡议。

第一节　加快我国高铁建设与“走出去”倡议实施的内在关系

面对当前复杂多变的世界经济形势，谋求向东发展的海洋战略，加入全球经济循环，承接产业转移，促进重大装备的出口，坚持以上海自贸区为新起点，实施新一轮对外开放成为提振经济发展的良方。同时，又要向西、向北、向南发展，谋划中国高铁“走出去”。中国高铁“走出去”包括三个方向：通过俄罗斯进入欧洲的欧亚高铁；从乌鲁木齐出发，经过中亚最终到达德国的中亚线；从昆明出发，连接东南亚国家，一直抵达新加坡的泛亚铁路。高铁“走出去”是中国经济突围发展的战略需要。

我国高速铁路发展的实践和对经济、社会的广泛影响世界瞩目。随着我国高速铁路运营里程的进一步增加及新调图后运力的增加，高铁运力占比的增加，经济、社会效益的日益显现，高铁发展的示范效应亦将日益显现。加快我国高速铁路建设对实施“走出去”倡议具有重要影响。

一、加快我国高铁建设是实施“走出去”倡议的重要前提

中华民族的伟大复兴是近代百年来无数仁人志士的矢志追求和奋斗目标，也是当代中国人民的伟大梦想。在中国历史上，通过古丝绸之路曾经创造了令世界叹为观止的经济繁荣和文明昌盛，铸造了中华民族的辉煌。南宋时期，中国经济总量占全球经济总量的 75%，唐朝占到 58%，即使到了日渐衰微的清王朝的 1820 年，中国经济总量仍然占到全球经济总量的 33%。改革开放以来，中国经济总量在世界的占比从 1978 年的 4.6%到 2016 年的 15%（据国际货币基金组织（IMF）于 2016 年 4 月 12 日发布的《世界经济展望》，2015 年世界 GDP 总量为 77.3 万亿美元，总人口为 73.16 亿，人均 GDP 为 10138 美元。中国 GDP 为 10.98 万亿美元，占 GDP 总量的 15%，人口为 13.74 亿，占总人口的 18.8%，人均 GDP 为 7990 美元；在全球 191 个经济体中，中国人均 GDP

排名第 76 位，排名比 2014 年提高 7 位)。根据趋势外推法则，可以预计到 2030 年中国经济总量将重新回到历史上占到全球经济总量的 33%。届时，全球财富的 1/3 在中国。

中国作为传统陆上贸易强国，与西部邻国的贸易主要通过古丝绸之路实现。然而过去的 30 多年，中国并不是通过陆地，而是依靠海洋加入到世界经济贸易体系中。中国通过参与国际分工，依靠廉价劳动力比较优势促进出口，中国经济重心向沿海地区转移，为中国经济带来了 35 年的大发展。高速铁路“走出去”，为中国在未来发展提供了全新广阔的地缘空间，高铁就是升级版的现代丝绸之路。目前，中国已经有通往欧洲的普通铁路，有几个城市还开通了货运专线。中俄两国宣布要建北京—莫斯科高铁，可以推断，中国的高铁迟早要延伸到欧洲。高铁将把中国的商品、产业、装备、文化和思想传播到欧洲甚至更远的国家，中国高铁将与中国航天、中国海洋深潜等高技术一起助推中华民族的伟大复兴，推动全球经济发展。

中国高铁“走出去”，不是传统意义上的低端产品、产业、技术和劳务输出，也不仅仅是传统高端领域国际技术与产业的合作，而是中国在新时期，面向未来长远发展的全球布局和国家战略。

但是，很难想象，我国高铁建设规模不够，问题很多，经济、社会效益不好，建设迟缓、滞后，还能“走出去”。“一带一路”沿线 90%为发展中国家，需要基建投资带动经济。大多数国家都制定了将重点投资发展交通基础项目建设的经济政策，加快铁路建设。这非常有利于我国高铁“走出去”和高铁出口。但是，我国高铁要想“走出去”，成为我国“走出去”倡议的重要组成部分，首先要加快我国高铁建设速度，同时在加快我国高铁建设中提质增效，进一步研发创新。加快我国高铁建设是实施

"走出去"倡议的重要前提。

二、加快我国高铁建设是实施"走出去"倡议的必要保证

当前，世界高铁发展具有广阔的市场。一方面，高铁作为高效、快捷的交通工具，随着其经济、社会效益的显现，人们对高铁的认识越来越深入，渴求越来越强烈，逐渐成为当代生活和社会发展的标志；另一方面，随着资源环境在全球范围内日益受到重视，实现"环保、低碳、节约"为核心的可持续发展成为国际社会的普遍共识，各国都将"低碳、节约"作为经济发展的根本出发点，高铁的发展符合这一发展理念。自 2008 年世界经济危机以来，尽管全球经济不景气，但轨道交通装备行业还是呈现出强劲的增长态势。产值从 2010 年的 1310 亿欧元增长到 2012 年的 1430 亿欧元、2013 年的 1620 亿欧元。未来每年还将有 3.4%的年平均增长率，2018 年全球轨道交通装备制造业的产值将突破 1900 亿欧元。高铁作为轨道交通的领先者，越来越成为各国发展交通的首选，不少国家加快了高铁建设步伐。未来，全球高铁市场前景广阔。

尽管我国高铁"走出去"已经具备了成熟的条件和优势，具有生态环保、技术、成本等方面明显的优势。但优势是相对的，甚至是暂时的。当前，中国高铁的建设优势，国情、政治优势无可比拟，比较优势明显且相互联系、相辅相成，形成了一股强大的高铁建设推动力量。加快我国高速铁路建设，使我国高速铁路从线、条到网，形成一个互通、便捷的网络，规模发展使得高铁运营的经济、社会效益进一步显现，从而使高铁的魅力进一步显现。高铁运营的高效、便捷和良好的经济效益是发展高铁的最好广告和见证。加快我国高速铁路建设，才能在高铁建设实践中积

累经验，积累业绩，进一步研发创新，优势得以保持，面对世界高铁的广阔市场，中国高铁才能“走出去”，给世界高铁建设发展带来新的活力，为世界经济的活跃注入新的动力。

三、加快我国高铁建设对实施“走出去”倡议具有重要影响

如前所述，加快我国高速铁路建设是实施我国“走出去”倡议的重要前提和保证。国内高铁建设实践和业绩为中国钢铁“走出去”准备了充分而又必要的条件。国家铁路局科技与法制司司长在《中国高速铁路的实践与实力》主旨演讲中，从“中国高速铁路发展取得辉煌成就”“中国高速铁路具备‘走出去’的能力”两方面进行了阐释。他说，中国是世界上高速铁路发展最快的国家。中国高速铁路建设工期合理、成本较低；营造了方便、快捷、舒适的乘车环境；推动了旅游业等第三产业的迅猛发展；缩短了时空距离，促进了都市圈发展；拉动了产业发展，创造了大量工作机会。他指出，无论从高速铁路轨道结构、路基工程、隧道工程、桥梁工程、牵引供电、列车运行控制、运营管理技术，抑或动车组关键技术、高速综合列车定期巡检线路、高速铁路安全保障体系、大型综合交通客运枢纽技术等来看，中国高速铁路都具备“走出去”的能力。他说，中国具有在不同地质条件下、不同气候环境下建设和运营高速铁路的经验，具有集成世界先进高速铁路技术的能力和经验，具有在国外成功建设铁路的经验。

然而，事实证明，即使技术再先进，优势再明显，若不加快我国高速铁路建设，机会稍纵即逝。在进一步加快我国高速铁路建设，使之尽快成网，产生巨大经济、社会效益的同时，中国高铁“走出去”呼之欲出，正当其时。

第二节 我国高铁“走出去”的保障措施

当前，许多发达国家的铁路和轨道交通基础设施都进入了更新换代的时期，如伦敦地铁、莫斯科地铁，都面临改造甚至难以改造；还有一些发展中国家伴随着经济快速增长，国内经济、社会发展需求，也有大力发展客货运铁路和城市轨道交通的迫切要求。据业内人士估计，未来 10~20 年，平均每年新增铁路运营里程将达到 1 万千米以上，特别是世界轨道交通行业将迎来发展的黄金期。然而，广阔的国际轨道交通市场和各国建筑施工企业激烈竞争并存，中国高铁要加快“走出去”的步伐，应具备各方面的保障措施。

一、政府支持是中国高铁“走出去”的重要保障

中国与世界国家的友好交往需要顺畅的国际大通道。当前，中国对外交往除了航空和海运外，铁路占比较小且没有跨境高铁。目前跨境铁路的状况及不足之处在于：线路少，速度慢。中国通向中亚和欧洲的跨境铁路主要有三条：北京至莫斯科的跨境铁路、中国新疆阿拉山口与哈萨克斯坦相连接的跨境铁路、北京至汉堡的国际集装箱货运铁路。这三条铁路的局限性非常明显，耗时太长和运能的不足，制约着运力的发挥，远不能适应中国经济发展的需求。大力发展途经中国的跨境铁路，特别是跨境高铁，对于中国拥有更加快捷、顺畅的国际通道和未来发展而言十分必要。有鉴于此，政府认识与国家战略非常重要。

中国政府大力支持中国高铁走向世界，是中国高铁“走出

去”的重要保障。习近平主席在G20和APEC会议上力推中国高铁“走出去”，推进“一带一路”倡议。这为中国高铁指明了方向，铺平了“走出去”的道路。近几年，中国高铁飞速发展，不仅国内高铁建设速度快，国外很多高铁项目的勘察、设计、建设也出自中国高铁企业之手。中国高铁取得如此重大的突破，与国家领导人的外交“搭台”有着重要的关系。

中国和平崛起，需要务实外交、互利外交、实力外交。在中国大力实施“高铁‘走出去’”之际，2013年10月12日在泰国，2013年11月25日在东欧，李克强总理亲自推介中国高铁技术输出，为中国高铁“走出去”吹响了号角，实际上也开启了中国外交发展的新时代。李克强总理在此后各类外访紧张日程之中，总要向国际社会推介中国高铁技术，“推销”中国高铁：技术完善、运营经验成熟、质量有保证、性价比高、在国际市场享有良好声誉，形成了“高铁外交”的新常态。与历史上的“乒乓外交”相比，当时是在特定国际关系背景下，助推了新型大国关系的重新确立，让中国成为更加开放和更加具有国际地位的大国；与后来的“熊猫外交”相比，当时是伴随着改革开放的推进，展示了中华文化的优雅与中国人民的勤劳淳朴。今天的“高铁外交”作为国家新名片，它是我国技术集成、产业配套、重大装备、国际融资、国际贸易、国际关系协调等综合能力的表现，标志着中国外交开始走上与世界第二大经济体国际地位相匹配的发展道路，开启了中国外交的新时代。从国家战略上讲，高铁“走出去”应该是一个系统工程，要从国家的层面抓顶层设计，确实发挥政府、企业、金融机构等各方面的作用，充分调动各方积极性，才能真正实现高铁“走出去”的突破性进展。

中共中央政治局常委、国务院副总理张高丽在广西南宁出席第十二届中国—东盟博览会时表示，本届中国—东盟博览会以“共建21世纪海上丝绸之路 共创海洋合作美好蓝图”为主题，反映了中国和东盟国家的共同愿望。中方愿同东盟各国重点在铁路、农产品贸易、执法安全、防务等领域合作。从经济发展和能源需求上来说，中国，特别是西部甚至内陆省份，非常需要打开跨境通道。由于地理位置的局限，除广西以外，中国广阔的西部经济尽管拥有资源等优势，却无法发挥国际贸易优势。中国与周边国家的交通不便，既是中国能源进口的瓶颈，也是西部大开发的瓶颈。国内相关部门、企业也积极跟进，研究、瞄准国际高铁市场。政府对国内高速铁路建设的有力支持，有利于铁路施工企业专业特长的充分发挥，实现企业与项目所在国互惠互利共赢的目标，这是中国高铁走向世界得天独厚的优势。

二、高铁企业对高铁“走出去”起着关键性和决定性意义

国家领导人的积极“推销”和政府的积极推动，为高铁“走出去”铺平了道路，但是离中国高铁进入国际市场还有很长的路要走。高铁建设企业要想进入和拓宽国际高铁市场必须积极跟进，加强与当地企业的合作，拓宽国外高铁市场。在高铁进入国外市场，提高中国高铁影响力的同时，与当地政府和人民合作，推动当地铁路建设，促进当地就业，促进社会秩序的稳定。这是当前中国高铁企业面临的重要课题。

中国高铁“走出去”有助于“中国制造”向“中国创造”的历史性转变。当前，中国高铁企业已经掌握了集设计施工、装备制造、车辆控制、系统集成、运营管理于一体的高速铁路成套技术，形成了具有世界先进水平和自主知识产权的高速铁路技术体系，按照“先进、成熟、经济、适用、可靠”的技术方针，从发

展的起步阶段便瞄准世界最先进的高速铁路技术，高铁的核心技术优势非常明显，技术输出正是建立高铁国际优势的开始。中国高铁“走出去”对中国高科技产业输出起到引领作用，必将带动一大批高科技产业腾飞，意义重大、影响深远。在铁路建设的过程中，可以进一步向国外“推销”我国大型铁路建设机械。中国高铁“走出去”的条件与优势从我国高铁所处的发展状态看，高铁企业除了有着明显的技术优势外，还有成本优势、建造优势以及资金优势等，完全有能力走出国门、走向世界，在全世界树立和打造优质、先进的“中国高铁”品牌。

在我国高铁技术优势的引领下，当前我国企业已经承揽了 50 多个国家和地区的铁路建设项目，铁路装备及零部件也已遍及亚洲、非洲、大洋洲和美洲等 50 多个国家和地区，中国高铁的生产和出口已具备相当实力，中国标准必将引领世界。这些业绩和前期工作对进一步实施我国高铁“走出去”奠定了基础。铁路建设会拉动当地经济，铁路建成后可以为当地输送物资，促进各地文化交流。通过与当地企业的合作，可以给当地培养更多的人才。随着“一带一路”倡议的迅速开展，中外合作将进入新的领域和阶段。

2015 年，时任中国铁路工程总公司董事长李长进发表的《高速铁路走出去：“中国创造”走向世界的标志》主旨演讲中，剖析了中国高铁为什么要走出去，能否走出去以及如何走出去的问题。他提出，中国高铁走出去：一是要坚持“政府为主导，企业为主体，金融支持，市场化运作，多方共建”的高速铁路建设模式；二是要探索新的投融资模式；三是要坚持推行中国标准；四是要高度重视知识产权问题；五是要理性地筹划区域选择；六是要熟悉国外的法律法规。

同时，企业还应注重以下几个方面。

（一）注重施工技术的创新和积累

产学研相结合，与国际优秀企业合作，全面完善和保持技术优势。产学研结合和国际合作是我国高铁能够快速发展的成功经验。实施高铁“走出去”，我们要继续发扬这种合作模式，一方面，保持我们在这些关键技术方面的领先优势；另一方面，加大对一些尚需进一步完善的技术如制动和信号系统方面的科研投入的力度，向世界尖端技术看齐，争取所有关键技术都达到和超过国际先进水平。要制定高铁国际化人才培养规划，确定培养对象、培养内容、培养模式。高铁国际化人才培养规划，既包括国内高铁人才，也包括为国外培养人才。可以考虑在条件比较成熟的国家或地区成立“中国高铁标准研究试验中心”，进行基础理论和关键技术方面的集中研究，建立验证平台，完善标准体系，并推动其成为国际标准。

（二）注重企业经营管理的提升

高铁企业应以中国高铁“走出去”为契机，提升企业经营管理，打造中国品牌，孵化“中国境外经贸合作区”，推动中国产业集群式“走出去”。比如首先应推进工程施工输出、劳务输出、技术输出、服务输出；其次注重推进理念输出、标准输出、平台输出等，并积极推进中国标准、技术、理念等之间的深度融合，培育中国品牌，实现高铁“走出去”由工程施工建设、生产劳动力成本等传统优势向以技术、品牌、质量、服务等为核心的优势转变，使中国高铁“走出去”真正能够入乡随俗、落地生根。

（三）注重企业财务管理的加强

在加强企业管理，大力提升企业管理水平的基础上，企业应努力、虚心学习国外先进的财务管理理念和方法，结合自己的财务管理实际，加强财务管理。在技术一流的基础上，实现财务管理的国际一流。无可否认，高超的财务管理水平和经济效益盈亏对高铁“走出去”具有关键性意义。

（四）注重对外合作的模式创新和途径创新

中国高铁企业“走出去”需要在充分把握所在国家实际情况的基础上，积极推进对外合作的模式创新和途径创新。从而形成有利于两国长期合作共赢的良好合作机制，有效提升应对国际风险的能力。

三、政策配套，理顺投融资机制，加大支持力度，是高铁“走出去”的当务之急

为支持中国高铁“走出去”，政府应制定高铁“走出去”发展的总体战略和相关配套政策，理顺投融资机制，广开融资渠道，以满足和保证高铁“走出去”的需要。高铁“走出去”必须统筹兼顾，多部门合作，共同努力。单独依靠某个公司或企业，或者是下面的二级公司和企业自己去打拼，面临的困难和障碍会很多。为此，中国亟须建立一个强有力的协调体制，以整合各方面力量，把中国高铁推往国际市场。

特别需要做好以下几个方面的工作。

（一）加强高铁走出去的总体谋划，明确实施路径

中国一直以来就有建设洲际高铁的全球设想，意在通过铁路这一陆上交通连接世界。三大方向是从新疆和东北出发，一南一北建设两条洲际高铁连通欧洲；从昆明出发，建设一条高铁贯通东南亚诸国直达新加坡。而更远的设想，是中国与俄、加、美合作，建设一条横跨白令海峡，长达上万千米的洲际高铁，连接亚美两大洲。具体路线为：

欧亚高铁，从伦敦出发，经巴黎、柏林、华沙、基辅，过莫斯科后分支，一支入哈萨克斯坦，另一支经往远东的哈巴罗夫斯克后进入中国满洲里。进程：国内段已经开工，境外线路在磋商。

中亚高铁，从乌鲁木齐出发，经由哈萨克斯坦、乌兹别克斯坦、土库曼斯坦、伊朗、土耳其等国家，最终到达德国。进程：国内段正在推进，境外线路正在谈判、协调。

泛亚高铁，从昆明出发，经由越南、柬埔寨、泰国、马来西亚，抵达新加坡。进程：2014 年 6 月开工，中缅间铁路隧道长约 30 千米，同时动工，从缅甸向东，一条支线去往泰国，另一条主线经由老挝、越南、马来西亚通往新加坡。

中、俄、加、美高铁，从东北出发，经西伯利亚抵达白令海峡，以隧道穿过太平洋，抵达阿拉斯加，由阿拉斯加通往加拿大，最终抵达美国。进程：商讨规划中。

历史上，中国的海上丝绸之路自秦汉以来两千多年始终是东西方商贸流通、人员往来、文化交融的重要海上通道，对中国和沿线各国的经济社会发展产生了深远影响。而依托亚欧高铁和中亚高铁建设丝绸之路经济带，使东亚到欧洲成为经济大走廊，有利于增进沿线国家之间的相互交流与合作，促进文化的交融。洲际高铁作为连接世界各国的桥梁，将为“一带一路”倡议目标的实现提供新的保障。

规划作为一个远景目标，毕竟还是粗线条的。国家应该在“走出去”的总体框架内，明确高铁“走出去”的实施细则。目前国家层面尚未有系统、成型的有关高铁“走出去”的总体规划，国家应促成有关部门结合当前国家“一带一路”倡议、外交倡议、经济发展倡议以及所在国市场规律，明确铁路及高铁“走出去”重点区域、国家、项目，并制定具体指导细则。

（二）明确高铁"走出去"进程中中国标准与经济效益的关系

从国家层面看，中国高铁"走出去"的最高境界是中国标准的输出，获利是中国高铁走出去的目的之一。从企业层面看，首先要考虑经济效益，包括当前的、中期的、远期的效益，其次才是中国标准。因此必须考虑整个高铁"走出去"进程中轻重缓急和秩序问题。另外，获利是中国高铁"走出去"的目的之一，还要考虑盈利模式问题和盈利前提条件。高速铁路具有初始投资大、建设周期长、投资回收慢等特征，高铁"走出去"还要面临不同国情、不同经济发展水平等复杂的外部环境，因此必须探讨中国高铁"走出去"的投融资问题，资金来源、期限和融资成本水平，积极创新海外高铁项目投融资模式，根据海外高铁项目的不同情况设计不同的投融资方式，以保证高铁建设资金的供给、回收和利润的获得。

（三）国家建立协调机制，鼓励企业联合"走出去"

推进和实施高铁"走出去"，首先要从国家和全局的高度认识中国高铁"走出去"的重要意义；在政府引导下做好顶层设计，明确中国高铁"走出去"的方向和路径，制定中长期发展规划和高铁"走出去"的构想和路径，统筹协调多方资源，推动中国高铁"走出去"。国家相关部门应成立权威、高效的国家协调机制，多部门协作，负责协调整合高铁装备资源、设计建设资源、金融资源、商务法律资源等有利于高铁"走出去"的企业要素，形成"企业联盟"，共同协助实现国际市场战略。在实施过程中，政府要建立持续、高效、创新的互相协助机制，使企业能够充分、自然地发挥各自优势，更加紧密地合作，实现互惠、互利、共赢的共同利益效应。

（四）提供重点项目前期资金支持，完善资金筹集和融资风险分担机制

为推动产业转型升级，我国大力推进铁路、核电和装备行业“走出去”，并配套建立了亚洲投资银行、丝绸之路基金，放宽了境外投资审批权限。当前，亚洲基础设施投资银行的成立和丝绸之路基金的设立，为高铁“走出去”提供前期资金支持创造了条件。随着亚投行作用的逐渐发挥，其资金杠杆作用已经越来越明显。目前不仅成功地撬动了稳定已久的国际工程建设投资体系，也推动世界银行、亚洲银行重新审视在新丝绸之路经济带上作用的缺失和不足，并成功地将资金和技术的优势融合在一起。而且，英、德、意、法等欧洲技术和经济强国的加入，也带动了更为完善的金融体系和更为合理的技术竞争。在发挥好亚投行和丝绸之路基金的基础上，政府要引导高铁企业“走出去”，还要注重整合包括援外资金、外储资金等在内的现有资金资源，多方筹集高铁“走出去”资金，降低企业融资成本，拓宽融资渠道。企业融资成本主要为银行利息及中国信保保费，国家应出台系统措施，准许金融机构恢复和新设立一些金融品种以专项支持高铁“走出去”，包括对银行以外汇储备提供廉价资金来源以及实行差别化资本占用政策措施，将银行筹资成本降低至至少与国际一流银行相当水平；给予中国信保专项风险限额及配套政策及其他专项特殊政策，鼓励中国信保创新保费较低、支付方式较灵活的专项保险品种。降低中国信保承保成本，保证中国信保支持力度等措施。

（五）熟悉相关情况，做好市场调研

“一带一路”倡议及高铁“走出去”实施，应该充分研究、掌握当地国经济、文化、政治情况，并做好市场的调查。国家应

秉承“开放共享、互利多赢”的理念，加强高铁国际合作。加强战略研究和政策引导，为高铁“走出去”提供支撑。我国高铁“走出去”，看似是一个技术和经济问题，其实牵涉到政治、经济、法律、文化、宗教、传承、国情、风俗等多个方面。国家可以成立“国家高铁国际化发展研究中心”等类似团体组织，开展中国高铁“走出去”国际化研究，为中国高铁“走出去”提供决策咨询，开展高速铁路国际工程管理与运营服务等研究，适应国际铁路市场需求。同时，要大力培养多层次、多类型的国际化人才，推动中国高速铁路文化建设，打造中国标准高速铁路国际品牌，提高国际认可度，促进国家文化软实力的提升。中国高铁“走出去”的过程，也是中国标准和中国品牌“走出去”的过程，同时又是推动中国高铁标准国际化的过程。高铁“走出去”要构建面向国际的高铁产业体系和技术体系，做好高铁重大装备发展战略规划，打造我国面向国际市场的高铁产业链，构筑高铁产业国际化竞争新优势。

第三节　高铁“走出去”面临的机遇与挑战

百分之九十的“一带一路”沿线国家为发展中国家，都存在加大基建投资带动经济的内在动力，发展高铁成为一个重要或首要选择。其他大多数有意向发展高铁的国家都制定了重点投资发展交通基础项目建设的经济政策，加快铁路特别是高速铁路建设。这非常有利于我国高铁“走出去”和高铁出口。我国高铁建设技术国际领先，具有无可比拟的优势，当前是我国高铁“走出去”的重要机遇期。但优势不一定永远存在，地位不一定永远领先，我国高铁“走出去”面临种种机遇与挑战。特别是多年以来，世界的高速铁路市场一直被日本、德国、法国等少数几个高铁大国的公司所垄断，中国高铁“走出去”必然会引起世界高速铁路市场固有格局的调整，面临的国际竞争必将异常激烈和在所难免。

西南交通大学校长徐飞在题为《承载新丝路托起新梦想》的演讲中指出，“中国高铁‘走出去’，意义深远，是一项层次高、涉及面广、关键要素多的大系统工程，必须加强统筹谋划，把握主要矛盾，才能有序地推进实施这一国家倡议。”当前中国高铁“走出去”适逢重要机遇期，同时，中国高铁“走出去”也面临资金筹措、技术标准、跨国营运等严峻挑战，深受国际政治环境、市场环境等多种因素的交错影响。至于如何“走出去”，解决和把握好以下六点至关重要：一是做好“走出去”的顶层设计；二是构建面向国际的高铁产业体系和技术体系；三是推动中国高铁标准国际化；四是营造有利的国际政治经济环境；五是制定高铁人才国际化培养规划；六是秉承“开放、共享、竞合、多赢”的理念，加强高铁国际合作。与其他高铁大国所不同的是，高铁出口对于日本、德国、法国或加拿大，只不过是一个私人公司的商业。但对中国而言，高铁“走出去”有着十分重大的意义，它不仅能带动经济发展，还是中国政府推动国际倡议的重要工具。而且，中国是目前世界上拥有最多外汇储备的国家，有雄厚的资本和实力为中国高铁走向世界提供资金支持。同时，中国高铁在整个系统集成方面的优势，是其他国家高速铁路公司完全无法比拟的。

一、劳动力成本优势在高铁“走出去”过程中遇到的机遇与挑战

中国高铁具有较低的单位成本，首先是因为劳动力成本较低。但随着我国经济发展状况及劳动力状况，人口红利逐渐减少，劳动力成本优势逐渐递减。近几年来，人工成本逐年提高，个别地方、个别时段甚至出现了民工荒现象。据国家统计局 2016 年 4 月发布的数据，根据统计局抽样调查结果，2015 年我国农民工总量为 7747 万人，比上年增加 352 万人，增长 1.3%。2011 年以来农民工总量增速持续回落。2012~2015 年农民工总量增速分别比上年回落 0.5、1.5、0.5 和 0.6 个百分点。当前在沿海发达地区甚至广西一带，海外来华打工者渐成规模，显示出我国劳动力成本较低优势的逐渐丧失，并且呈加快之势。

据中新网 2016 年 4 月 27 日在北京发布的一份报告指出，国家经济发展转型及其政策调整带来农民增收格局深刻变化，预测 2016 年农民人均工资性收入将超过 5000 元，比上年名义增长约 10%。

2015 年 4 月 27 日，中国社会科学院农村发展研究所、社会科学文献出版社在北京联合举行了《农村绿皮书：中国农村经济形势分析与预测（2015~2016)》发布会。绿皮书指出，2015 年农民收入继续保持较快增长，全年农民人均纯收入首次超过万元，达到 10772 元；农民人均可支配收入达到 11422 元。

绿皮书表示，与“十二五”时期其他年份一样，2015 年农民增收的来源主要是工资性收入增加和家庭经营收入的增长。全年工资性收入 4600 元/人，对农民人均可支配收入增长的贡献率为 48.0%，在农民人均可支配收入中的比重达到 40.3%。“农民增收

对工资性收入依赖程度越来越高。”2015 年，在农民人均可支配收入中，人均工资性收入所占比重首次超过人均经营净收入所占比重。

绿皮书指出，“国家经济发展转型及其政策调整带来农民增收格局深刻变化”。综合考虑农民增收多种因素影响，预测 2016 年农民人均纯收入和人均可支配收入实际增长 7.7%。2016 年，中国经济增长仍然保持中高速，这对于稳定农民工工资收入增长是有利的。近年来，部分农产品市场波动明显，一部分农民会放弃农牧业小规模生产经营，而转向非农产业就业，这是农民工数量增加的推动力量。综合考虑到农民工工资性收入增长的积极因素，借助模型，预测 2016 年农民人均工资性收入将超过 5000 元，比上年名义增长约 10%，与中新网预测一致。

特别需要引起关注的是，高铁进入的一些国家和地区，劳动力成本较之国内更为低廉，个别国家和地区对我国劳务进入实行限制政策，扶持国内劳务，而当地劳务培训成本高，工作效率低，收入受保障，休假及宗教信仰受尊重，使得劳动力成本突增。

二、高铁建设企业在高铁“走出去”过程中遇到的机遇与挑战

在国内高铁企业的不懈努力下，作为创新型国家建设的重大突破和自主创新的标志性成果，高铁已成为中国新的“外交名片”和“形象代表”。中国高铁的技术力量、标准都是完善的，高铁工程建设经验是丰富的，不仅可以满足当前国内的需要，也可以满足其他发展中国家甚至发达国家高铁建设的需要。高铁在中国已经取得了良好的经济和社会效益，高铁项目对非洲等发展中国家甚至发达国家，都有很大的市场和合作潜力。

我国高铁勘察设计单位多年来进行国内交通基础项目建设，

具有丰富的勘察设计经验，对我国大川大河相关气象、水文资料的掌握，对国外高铁的勘察设计，除了为走出国门，在更大的舞台上施展身手，提升能力水平提供了良好机遇以外，面临着人员培训、设备转场费用的增加，制定高铁人才国际化培养规划迫在眉睫。同时，鉴于对当地地质水文资料的掌握及其他一些不确定性因素的增加，也会使得勘察设计单位采用更保守、更审慎的方案，从而增加勘察设计成本，甚至承担设计失败的风险。在中国高铁“走出去”过程中，构建面向国际的高铁产业体系和技术体系，推动中国高铁标准国际化非常重要。

高铁施工单位及设备供应团体在国内高铁建设工程中具有较高的积极性，每建设一条高铁都会自我研发和采用一批新技术，生产技能得到提升，这是基于我国高铁发展的规划与总体研判。而国外高铁的发展和建设相比国内经济、政治情况，在把握上要复杂得多，合同条款与客户需求也往往不尽一致，这些给国内高铁施工企业带来的不仅仅是成本等方面的挑战。施工单位在国内高铁建设过程中开发了很多具有竞争优势的本地资源，会大大降低单位成本，但在国际市场上这种优势难以显现。

中国高铁建设采用沿线临时征用土地设立梁场生产、提运桥部件的方式，用地在工程竣工之后可及时恢复归还，降低了拆迁成本、运输成本，减少了农田占用。设备在相对较近的范围内短距离转场，产品标准化使得以较低价格采购到同样品质的零部件成为可能。这些优势在“走出去”以后的实现过程中因条件变化及利益攸关难以一概而论。

三、高铁“走出去”在政府协调方面遇到的机遇与挑战

我国政府大力支持高速铁路发展，地方政府也对发展高铁非

常重视，这是中国高铁独具的优势。为推动产业转型升级，我国大力推进高铁"走出去"，并建立了跨部委、跨行业的"走出去"倡议协调和管控机制；政府作为牵头部门，加大了国家在财政、金融等方面的支持力度，全力推动相关产业"走出去"倡议。政府在引导高铁"走出去"过程中，做好"走出去"倡议的顶层设计非常重要。2015 年的"丝路经济带"与中国高铁"走出去"倡议高峰论坛在成都举行，由光明日报社与西南交通大学主办，中国铁路总公司、四川省成都市人民政府、联合国开发计划署驻华代表处等单位合作支持。《光明日报》副总编辑刘伟出席论坛并表示，"一带一路"倡议是中国经济发展国际大战略的最新框架，蕴藏着中国经济社会发展的新机遇，是所涉及的沿线国家实现发展腾飞的历史性机遇，也是中国高铁"走出去"的大好机遇。中国高铁"走出去"的实施，要在战略引领、凝聚合力上入手，政府要在构筑培训体系、打造国家智库、创新投融资方式方面发力，引导和支持高铁企业"走出去"。牢牢把握这一国家战略，稳健推进"一带一路"倡议落实，对于中国高铁、中国产业意义重大。

随着中央"一带一路"倡议的落地，中国高铁"走出去"成为国家倡议并积极推进实施，国家采取多种措施支持高铁"走出去"。但在高铁"走出去"过程中，特别是高铁建设过程中，营造有利的国际政治经济环境非常重要。所在国的政治、经济状况以及社会反应跟国内会有很大不同。一是政府立场、支持意愿和协调力度不同，不管是体制原因还是经济、法律因素，甚至是各方利益博弈因素，往往对项目建设具有较大影响。二是在西方国家，因高铁建设投入大、征地拆迁难、制度法律规定等问题，高铁建设常常遭遇各方阻力。各方共识，互利共赢，政府、区域有力支持，有利于高铁高效建设，按时开通。在建设以外，外部协调的压力和挑战对高铁建设企业前所未有。

第四节 当前中国高铁“走出去”的步伐与新进展

最近几年来，中国高铁举世瞩目。在党中央、国务院的正确领导下，高铁对国家政治、经济、国防安全、人民生活等方面产生了重大而深远的影响，中国高铁技术快速站到了世界前沿，实现了由“追赶者”到“引领者”的历史性跨越。从一定意义上说，高铁开创了中国经济新纪元，加速了我国的现代化进程。高铁是中国“走出去”倡议的重要载体，成为中华民族伟大复兴的“加速器”。促成中国高铁“走出去”，特别是加快我国高铁与周边国家高铁系统的建成，实现国与国之间互联互通，必将对中国的安全形势和经济形势产生大的转变。西部大开发将获得实质性进展，为经济发展提供巨大的动力。按照高铁发展总体规划，新疆将成为我国与中亚、西亚和欧洲相连的国际大通道，而云南将成为我国与东南亚和南亚国家交往的国际大通道。跨境高铁的建设将会使中国与周边国家的经济、文化交流大大增强。瑞典学者卡尔森（Carlzon）在接受《环球时报》采访时说：“如果中国在未来成为世界第一强国，那么今天投资高铁的决定，是起决定性作用的决策之一。”

国家领导人每一次重要出访中，高铁几乎都成为人们关注的焦点。然而，中国高铁“走出去”的过程充满艰辛与困难。其中不但经历了墨西哥高铁这种先中标又被取消中标结果的黑天鹅事件，而且伴随着巨大的竞争压力和错综复杂的经济、政治博弈。

当前，面对日本、法国、德国等高铁大国的激烈竞争，中国高铁以其技术、工期、价格、业绩等优势，克服重重困难，在中国高铁“走出去”进程中呈现出良好的发展态势。目前与中国洽谈高铁输出方案的国家高达20多个，交易结算模式多样化成为其特点。在系统输出层次，中国正与二三十个国家洽谈高铁合作。

中国高铁“走出去”的第一站是土耳其首都安卡拉和最大城市伊斯坦布尔之间的高速铁路。二期工程于2014年7月25日顺利通车，工程全长158千米，合同金额12.7亿美元，设计时速250千米。正式通车后每日往返客流量由以前的4000人次增加至25000人次以上，单程耗时由原来的10小时缩短至3.5小时。安伊高铁二期是中国企业在海外建成的第一条高铁。完全采用欧洲标准和规范建设，起点高、难度大，对中国高铁进一步“走出去”具有重要示范作用，是“一带一路”建设的重要成果。安伊高铁以其工程的技术含量、施工质量、建设速度及较低成本，受到土耳其领导人和民众的普遍赞扬。

与中国领导人出访必推荐高铁，积极提升中国高铁产业经济全球影响力，拓展在海外市场上的占有率相对应，其他高铁大国领导人也在极力推动本国高铁“走出去”。美国加州高铁计划是在2029年之前建成全线行车最高时速超过350千米，将加利福尼亚州洛杉矶与旧金山两大城市之间的运行时间缩短至不到3小时的高铁线路计划。数年前，日本铁路（JR）东海公司曾以新干线方案参与该线路竞标，竞标公司表示：“加州环境标准严格、地震频发，日本的方案最为合适。”但其工程总费用达680亿美元。2015年日本首相安倍访美时向加州州长杰里·布朗极力推荐JR东日本公司和川崎重工等日方联合体生产的采用高精度运行系统和节能车辆的新干线列车。

据中国媒体报道，中国中央财办副主任舒国增2015年9月17日在北京举行的新闻通气会上说，目前中美双方已在美国西部快线高铁项目上取得实质性进展。由6家中国企业在美国联合组建的公司宣布将与美国企业成立合资公司，参与连接加利福尼亚州洛杉矶与内华达州拉斯维加斯（约370千米）的高铁建设计划。中方牵头的是原铁道部撤销后成立的中国铁路总公司，世界最大的铁道车辆制造商中国中车也参与其中，中国呈现出举全力争取该项目的态势，该项目曾计划最早于2016年9月动工。目前，双方正就中方的出资额和出资比例，具体的资金运用方案等进行积极磋商。日方最为担忧的是，包括连接洛杉矶和旧金山的加州高铁在内的多个高铁项目出现多米诺骨牌效应，都被中国夺走。美国民众普遍对巨额公共支出持谨慎态度，相关人士透露，"在车辆竞标上价格是重要因素"。

外媒报道称，建设洲际快速铁路的宏伟设想可能显得有些不切实际，但中国政府的态度相当认真。与中国5倍音速飞机报道相对应，中国构想中的北京—伦敦高铁，乘客只需两天就能到达目的地。此外中国还有建设全长1.3万千米的北京至洛杉矶跨洲高铁的构想。2011年，中国铁道部公布了所谓的亚洲铁路建设计划。将加快与邻国的"基础设施互联互通"，建设中巴孟印缅"经济走廊"，这是中国"丝绸之路经济带"和"21世纪海上丝绸之路"倡议的内容之一。内容很简单：中国买下现有铁路，重修并延长出新线路。计划把老挝、越南、柬埔寨、泰国、马来西亚、新加坡和缅甸的铁路基础设施连接成统一网络，将地区最大的消费品生产商联合起来。中国目前正在就中国—巴基斯坦经济走廊进行商谈，并邀请东盟国家共建"海上丝绸之路"。

据俄罗斯媒体报道，习近平主席在2013年访问哈萨克斯坦时首次提出了“丝绸之路经济带”这一构想。与此相对应，中国还有一个高铁建设项目——这条线路由东向西延伸，贯穿总人口约为 30 亿的 18 个亚欧国家。媒体将这条经济带称为世界上最长和最具发展潜力的经济大走廊。报道说，中国公司与乌兹别克斯坦正在就铁路合作发展进行谈判。哈萨克斯坦—土库曼斯坦—伊朗铁路不仅大幅缩短中亚到欧洲的路程，而且能加强地区铁路系统，为修建新铁路干线提供了机会。蒙古国表示有意出资兴建经中国绕过俄罗斯通往欧洲的铁路，以运输原料及矿产。

报道称，习近平在评价经济带构想时表示，中国不谋求地区事务主导权。但一些专家相信，中国积极参与发展中亚铁路系统，将削弱俄罗斯在亚洲的地位。因为一些地区国家曾是苏联的一部分，而俄罗斯现在仍将其视为势力范围。与此同时，中俄铁路合作的前景也是广阔的。2014 年俄罗斯与中国签署了高铁合作备忘录，并已规划包括莫斯科—喀山高铁线路在内的莫斯科—北京亚欧高铁运输走廊项目。

2014 年 7 月，习近平主席拉美之行，与秘鲁、巴西两国元首达成共识，合作修建全长 5000 千米，横跨南美洲大陆，穿越巴西、秘鲁两国，连接大西洋和太平洋的“两洋铁路”。其中新建约 3000 千米铁路，预算约 600 亿美元。“两洋铁路”将是拉美历史上第一条横穿南美大陆的铁路线，作为拉美互联互通网络主干，将拉动拉美国家的物流发展，对区域甚至国际的经济发展都意义非凡。

非洲方面，中国总理李克强在 2014 年访问位于埃塞俄比亚的斯亚贝巴的非盟总部时说，中国要在非洲设立高铁研发中心。非洲铁路目前尚未形成网络，仅在南非和北非等部分地区有铁路系统。中国将向非洲提供至少 120 亿美元的财政援助，并与非洲人民分享高铁的先进技术。报道称，实现这样一个宏伟计划能大力推动非洲经济，但中国领导人的访问也引起了当地实业界的批评，指责中国只是对非洲的能源感兴趣。但李克强在访问石油丰富的安哥拉和尼日利亚时强调，中国不干涉非洲国家内政，未来将注重提升非洲人民的总体生活水平。

尼日利亚近十年来保持着年均6.8%的经济增速，已跃居非洲第一大经济体。2014年11月，中国与尼日利亚签署了价值119.7亿美元，全长860英里的尼日利亚沿海高速铁路项目合同，这是目前中国对外工程承包史上单体合同金额最大的项目。此次签约的沿海铁路项目西起尼日利亚“经济首都”拉各斯，东至卡拉巴，横跨东西10个州，贯穿整个尼日尔三角洲产油区，全长折算里程达1402千米，车站22座，设计时速120千米，全线采用中国铁路技术标准建设，可以带动施工机械、机车车辆、钢材、机电产品等价值接近40亿美元的中国装备出口。沿海铁路是尼日利亚“三纵四横”国家铁路干线网规划以及西非共同体“互联互通”铁路网的主要组成部分，项目的实施可以为尼日利亚提供近5万个直接就业机会、15万个间接就业机会，后续运营将提供2万至3万个固定就业岗位。这个互利共赢的项目将有力地促进中尼双方经济发展，建成后对于建设非洲沿海经济走廊具有重要战略意义。

东南亚方面，2014年12月19日，李克强总理在曼谷会见泰国总理巴育，共同签署了《中泰铁路合作谅解备忘录》，拟建设的中泰铁路连接泰国北部的廊开和南部港口马普达普，总长800多千米，是泰国首条标准轨铁路，将全部使用中国的技术、标准和装备建设。目前，泰国已经批准了连接中国的铁路项目，计划建设两条高速铁路。同时，由中国铁建、铁三院和南车青岛四方公司组成的财团，正积极参与马来西亚吉隆坡至新加坡高铁项目的国际招标，如果获得吉隆坡至新加坡的高铁建设合同，将极大推进中国泛亚铁路的建设。此外，中国北车等铁路装备企业早已在新加坡、马来西亚和印度尼西亚等地深耕多时。2014 年 5 月 12 日，马来西亚公共陆路交通委员会主席丹斯里·赛义德·哈米德访问中国北车，体验“北车制造”京津城际动车组，考察中国高铁，并希望在兴建的新马高铁上引进中国高速动车组。新马高铁计划将于 2020 年建成，全长 354 千米。早在 2003 年 12 月，中国北车大连机车车辆公司就获得马来西亚 20 台电传动干线内燃机车的订单，这也是中国交流传动内燃机车首次进入国际市场。2010 年 3 月 26 日，中国北车唐山车辆公司获得马来西亚 20 列混合动力有轨电车的订单。2014 年 10 月，中国北车长客股份公司在马来西亚机场线的轻轨车辆招标中胜出。

2015 年 10 月 16 日，中国铁路总公司牵头组成的中国企业联合体，与印度尼西亚维卡公司牵头的印尼国企联合体签署协议，中国高铁“走出去”迈出最重要的一步。目前印度尼西亚雅万高铁项目（投资约达 50 亿美元）广为国际社会关注。外媒称，在印度尼西亚第一条高速铁路雅万钢铁项目的激烈竞争中，印度尼西亚政府目前倾向于由中国得标高过由日本得标。印度尼西亚经济统筹部长纳苏迪温（Darmin Nasution）为首的一个内阁层级委员会，将继续负责推荐由哪国承包兴建连接雅加达及万隆（Bandung）的铁路。中国高铁施工企业因具有全球唯一热带高铁建设经验及业绩以及成本、工期优势被尤为看好。分析师认为，不论哪一方赢得这个项目，将很有机会成为未来几年亚洲其他高铁项目的领先竞争者，包括连接吉隆坡与新加坡的高铁项目。

虽然此前中国中标过土耳其高铁等项目，但还是部分参与，印度尼西亚高铁项目是中国高铁第一次全系统、全要素、全产业链走出国门、走向世界，将全面采用中国标准、中国技术、中国装备来建设。在正式签约的印度尼西亚高铁项目的引领和推动下，已进行多轮谈判的中泰铁路合作项目也呈现加快步伐、加速推进的态势。

与中亚、西亚和印度的铁路合作方面，也成果颇丰。随着全长 392 千米的伊朗、阿富汗到塔吉克斯坦铁路的全线贯通，把伊朗、阿富汗、塔吉克斯坦连接起来，将继续经过吉尔吉斯斯坦境内与中国接轨。而中印之间的合作，则进入一个更为实质的阶段。2014 年 9 月 18 日，在习近平主席访印期间，交通运输部副部长、国家铁路局局长陆东福与印度铁路委员会主席阿鲁南德拉·库玛尔在中印两国领导人的共同见证下，签署了中印铁路合作备忘录和行动计划。2014 年 12 月 15 日，第一期印度重载铁路高层管理人员研修班在北京交通大学开班，迈出中印合作的重要一步。2016 年，中国铁路总公司、中国铁道建筑总公司、国家铁路局继续把“服务国家‘一带一路’倡议，推进铁路对外交流合作”作为年度工作的重要内容。积极深化落实中蒙、中印已签署的铁路合作项目，积极参与推进中俄高铁合作和中老、中泰、中巴、中哈等铁路合作项目，促进中国与周边国家铁路互联互通建设。

当前，中国高铁除了中标的俄罗斯莫斯科至喀山高铁项目设计、印度新德里至孟买高铁项目可行性研究、美国洛杉矶至拉斯维加斯高铁合资建设经营等项目外，还有一条高铁项目经历比较曲折，就是伊朗的德黑兰至伊斯法罕高铁，2010 年中国开始跟踪该项目，先后 6 次交流考察，2011 年 7 月，伊朗政府正式批准该项目。随后，伊朗因核活动遭受欧美和联合国的制裁，项目一度停顿。近日，随着伊核问题的解冻，该项目重启。正在跟踪的项目包括英国的2号高速铁路项目、美国加州高铁项目、马来西亚至新加坡高速铁路项目等。

西南交通大学校长徐飞指出，中国高铁“走出去”需要引导。在坚持和兼顾布局的重要性原则、时序的紧迫性原则、路径的可行性原则、区域的难易结合原则、线路的互联互通原则五项基本原则的情况下，把握中国高铁“走出去”的布局和时序非常重要。布局包括空间布局和产业布局。空间布局包括继续规划、磋商、加紧施工欧亚高铁、中亚高铁、泛亚高铁和中巴铁路四条战略路线，加快推进中非铁路建设，加紧研究中俄加美高铁。产业布局则应涵盖轨道交通的重载、高速、城轨、城际、常导磁浮、低温超导磁浮、高温超导磁浮7种不同制式。实施的时间梯次方面，徐飞建议，高铁“走出去”的实施可首先快速打通南向通道，连接非洲大陆，优先选择“泛亚铁路”“中巴铁路”和“非洲铁路”；其次，建设西向通道，贯通欧亚大陆；渐次选择“中亚铁路”和“欧亚铁路”进入欧洲，然后建设北向通道，遥指美洲大陆；规划建设中俄加美高铁、积极参与美国东海岸高铁建设等。针对中国高铁“走出去”的举措，徐飞从政、产、学、研、金等方面，建议统领战略实施，凝聚产业合力，构筑培养培训体系，打造国家智库，创新投融资方式。

可以预见，不久的将来，中国通往中亚、南亚、中东、东欧、俄罗斯，直至西欧各国的贯通欧亚大陆的交通大动脉，必将增加沿线各国生产要素的流动并将它们重新组合，同时在各国制造出新的需求，吸引来新的投资，为地区经济一体化打下基础；也必将改变欧亚大陆各国对自身利益的界定，从而改变制定发展战略的视角。高铁的建设必将为欧亚大陆的经济整合展现一个广阔的前景，各国的积极性得以提高，在大的经济整合过程中，中国作为东部推动力，欧盟为西部推动力，俄罗斯为北部推动力，印度为南部推动力，从而彰显高铁对以地缘经济为基础的陆权的意义。

总之，由于中国高铁“技术先进、安全可靠、成本具有竞争优势”，“走出去”呈现出全面爆发的态势。高速铁路作为技术密集型产业已经成为中国高端装备制造业“走出去”的代表，使中国摆脱了“8亿件衬衫换一架波音飞机”的尴尬，为中国制造业赢得了盛誉。西南交通大学校长徐飞在题为《承载新丝路托起新梦想》的主旨演讲中指出，“中国高铁‘走出去’，必将深刻影响当代中国，必将助推中华民族的伟大复兴，也必将为世界经济发展注入新的生机与活力，战略意义十分重大”。在技术领先，互惠互利共赢的基础上，以高铁合作为桥梁和纽带，促进世界各国实现政治互信、经济合作、文化交流、共同发展的目标。中国高铁“走出去”必将开启中国外交新时代，拓展国家安全新体系，构建地缘政治新格局，打造中国经济升级版，促进世界文化大融合，提高全人类的福祉。

第五章

高铁的争论与展望

第一节　有关高铁的争论

其实，中国高铁自诞生之日起，就一直伴随着很多争议，从“高铁建设是否真的有必要”到“要速度还是要安全”等质疑一直不绝于耳。时至今日，仍有部分对高铁的质疑声音，但是，随着高铁建设的持续推进，高铁带来的变化和效应渐渐显现，带来的实实在在的利益已经显而易见。现实有力地回应了社会的质疑声。现在，中国高铁已经走向世界，可以预见在不久的将来，中国高铁走过的异乡土地，也将迎来发展的机遇，必将一正视听。

一、关于轨距之争

中国铁路的轨距为1435毫米，符合国际通行标准。西欧、中欧、美国、加拿大等皆使用通行标准轨距。而在俄罗斯及独联体国家，还有芬兰，使用的是1520毫米的宽轨。据说从沙俄时代起出于国家安全的考虑，采用此规格宽轨。中国一直倡导其他国家使用 1435 毫米国际通行标准轨距。此前，媒体曾报道中国—吉尔吉斯斯坦—乌兹别克斯坦铁路引发的争议。这一项目自 20 世纪 90 年代中期便开始酝酿，但各类因素妨碍了最终协定的达成。其中一个重要因素就是中国在国际通行标准轨距方面的要求。吉尔吉斯斯坦认为，吉国境内出现中国轨距的铁路不只会令比什凯克，也会令莫斯科的国家安全遭受冲击，尤其是西伯利亚、伏尔加河流域以及乌拉尔地区。

目前，在中国、俄罗斯两国铁路接驳处，要么是更换列车底盘，要么是重新装卸货物，耗时费力，有时要等数小时到数天不等。毫无疑问，统一轨距可以缩短运输时间，降低运输成本，加速两国间贸易往来。

2015 年末，《中国日报》载文称，北京决定铺设通往伊朗的高铁，作为“丝绸之路经济带”的重要组成部分，使用国际通行标准轨距，绕开俄罗斯。在接入国际通行轨距的中东铁路系统之后，中国货物可以借道土耳其进入欧洲。铁路轨距的不同标准势必会降低俄罗斯与中国在欧洲陆上交通往来的地位。

据俄罗斯《独立报》2016 年 4 月 25 日报道，为向北京表明合作诚意，莫斯科方面作出了重大的示好之举。远东发展部建议在俄罗斯境内铺设一条铁路，宽度与中国使用的国际标准轨距看齐，而非俄罗斯的宽轨。俄官员表示，这不过是通往远东港口城市的一小段铁路而已。“但北京深谙此事的重要性，似乎不打算低调而为：毕竟俄境内将出现另一国的基础设施项目，且它并不由俄罗斯管理。”

据参考消息网 2016 年 4 月 26 日报道，俄罗斯境内将首度出现“中国轨距的铁路”，这将令中国企业挺进俄罗斯变得更为便利。据报道，拟建的铁路将连接中国东北的珲春市与俄罗斯滨海边疆区港口扎鲁比诺。之前，无论俄罗斯与欧洲的经济往来多么密切，莫斯科从来没有在境内使用过欧洲的铁路标准。如果珲春至扎鲁比诺铁路得以建成，无疑将开创先河。跨越两国国境的这条铁路由中国而非俄罗斯管理，可以使中国的机车直通俄罗斯港口，加速两国贸易往来。俄罗斯自然垄断问题研究所铁路运输研究室主任佛拉基米尔·萨夫丘克认为，上述提议具有经济上的合理性。他指出："该项目的特殊之处在于，它针对的是来自中国的转口货物，或是经我国港口进入中国境内的商品。港口与边界的距离约为 100 千米，而后，这些货物在中国境内可能要行进 1000 千米或者更远的距离。由于轨距各异，只能重新装卸，难以无阻碍地高效通过国界，也浪费时间。倘若我们希望本国港口能够承接中国货物的转运，那么统一轨距是符合经济逻辑的，它会赋予我们很多优势。"

对中国而言，这不只解决了通往港口的战略问题，也意味着中国有机会进入俄边境地区以及当地市场，意味着进入俄罗斯市场的中国企业将拥有更多机会和便利条件，促进贸易交流，也为解决国际铁路轨距差异问题迈出了重要一步。

二、要否加速之争

2011 年 7 月 23 日 20 时 30 分 05 秒，甬温线浙江省温州市境内，由北京南站开往福州站的 D301 次列车与杭州站开往福州南站的 D3115 次列车发生动车组列车追尾事故。事故造成六节车厢脱轨，40 人死亡，172 人受伤，中断行车 32 小时 35 分，直接经济损失达 19371.65 万元。事故后迫于舆论，高铁开始"降速运行"——设计最高时速 350 千米的高铁，按时速 300 千米开行，设计最高时速 250 千米的高铁，按时速 200 千米开行，既有线提速到 200 千米的线路，按时速 160 千米开行。这意味着，除了京沪高铁等少数高铁保持 300 千米的运行时速外，大多数线路均回到了 2007 年铁路第六次大提速以前的水平。

2015 年 3 月全国两会期间，全国政协委员、时任中国铁建总裁的赵广发提出，中国很多高铁的规划、设计、建设基本都是按 350 千米的时速，但近两年降速了，“这是浪费”。支持者举例说：“奔驰车按照夏利的速度跑，这不合理。”降速不一定就不出事。对于争议，中国铁道科学研究院首席研究员黄强认为，高铁现在面临的不是“提速”，而是“达速”，即达到设计的 350 千米时速的目标。开通初期要降低一些速度，摸清规律、理解情况，然后逐渐达速。

笔者认为，出事故速度只能算是原因之一，但不是根本原因。“7·23”动车事故后，事故调查组为增加安全冗余，建议降低最高时速。而情况恰恰是温州动车事故发生时，列车时速仅为 100 千米，事故原因是运行指挥系统出了问题，与轨道和机车无关。中国工程院院士王梦恕指出：“按照中国现有的轨道技术，即使按照 385 千米时速运行，我们也完全能够保证安全。只是出于延长机车和轨道寿命等更多考虑，我们才要寻找最为经济的实际运行速度。”

事故已经过去数年，高铁虽偶有故障，但一直保持了安全运营。高铁恢复到设计最高速度也在情理之中。像京沪高铁，本身就是按照最高时速 350 千米设计的，同时，完全按照中国标准制造的时速 350 千米的列车也已经下线调试。另外，高铁最高 350 千米的时速有可能会被打破，目前中铁二院与俄罗斯企业组成的联合体负责设计的莫斯科—喀山高铁项目，最高时速将达到 400 千米。

三、经济效益之争

争论的源头似乎在于已开通高铁项目的效益状况。舆论普遍认为，高铁盈利状况欠佳。但是，有媒体公布京沪高铁实现盈利的报道。据笔者收集相关资料分析，目前中国已开通运营高铁盈亏情况定论尚早。理论上高铁运营成本、效益前已论述，经济、社会效益明显，但具体到每一条高铁经济效益的情况，因当前高铁规模、网络化程度等尚远远不够，难以有效发挥作用造成盈亏难以显现。而融资成本的波动及高铁寿命和折旧政策的选择是影响高铁效益计算的重要因素。同时鉴于投资体制和中国国情，如何计量高铁效益是一个难题。

但是，改革或者改变我国高速铁路公司的经营成果核算方法和模式应是当前面临的一个突出问题，需要研究和明确的内容至少包括：高速铁路建设成本摊销补偿办法（线下部分折旧年限、折旧方法，机车、车辆折旧年限、折旧方法，电力系统、信号系统折旧年限、折旧方法等），建设期融资成本列销、摊销办法，合作方投资回报标准、方式和财务处理办法，公司、站段甚至单车收入、成本核算办法等。尽管目前高速铁路运用尚处于初级阶段，相关经验数据有待收集、整理、比对、分析，但应该参照相关要素阶段性明确、适时调整。避免出现我国高铁技术世界先进，高铁发展世界领先，收益、成本核算相对滞后的局面。

高铁效益还应综合考虑高铁建设过程中的施工效益和利税贡献。据前瞻产业研究院《2013~2017 年中国高铁行业深度调研与投资战略规划分析报告》数据显示，未来 10 年，世界高铁的建设速度将加快，新增里程将达到 1 万千米，如果按照每千米 3 亿元的造价计算，海外高铁基建市场的价值约为 3 万亿元。当前国内高铁建筑企业利税都在5%以上，毛利在10%以上。中国高铁企业不但承揽高速铁路项目，还包括快速铁路、普速铁路、城市地铁等轨道交通项目，整个市场规模是高速铁路市场的数倍。根据德国咨询机构SCI最新统计显示，仅轨道交通装备市场（主要是车辆不包括建设运营）2015年一年的市场规模就超过1万亿元。庞大的轨道交通市场为中国高铁企业提供了巨大的经营空间，拉动就业和其他上下游几十个行业发展。

据《中国青年报》2015年10月25日报道，尽管中国轨道交通“走出去”也出现过沙特阿拉伯轻轨等亏损的项目，但多数项目拥有良好的盈利空间。以刚签订的印度尼西亚高铁项目为例，项目全长150千米，中方报价75万亿印尼盾（约合375亿元人民币），其中60%的投资来自印尼，40%的投资来自中国，国家开发银行和工商银行提供贷款，利率为2%。与此相对比，尽管日方报价比中方高出约10%，但日方承诺提供75%的资金，日本银行提供利率低至0.1%的低息贷款。

以中方的报价计算，印度尼西亚高铁每千米造价约2.5亿元，应该说这个报价拥有良好的盈利预期。以国内高速铁路为例，武广高铁每千米造价约为1.1亿元、京沪高铁每千米造价约为1.6亿元，即便国内造价最高的京沈高铁每千米也只有1.78亿元。这里有一个重要前提，武广高铁、京沪高铁、京沈高铁都是设计时速350千米的高速铁路，造价要比时速250千米的高铁高40%以上。印度尼西亚高铁设计时速只有250千米，报价已达2.5亿元，即使考虑到域外施工的一些困难因素，预计该项目仍拥有良好的盈利空间。

从另外一些角度考察中国轨道交通企业海外经营的盈利情况。以中国高铁装备龙头企业中国中车为样本，其旗下海外收入最高的是株机公司，该公司 2010~2012 年的销售收入分别为 160.1 亿元、140.6 亿元和 151.6 亿元，3 年之间销售收入没有增长反而略有下降，期间该公司的利润分别为 2.92 亿元、3.36 亿元和 5.78 亿元，走出了一条漂亮的上升曲线，3 年几乎增长了 100%。经分析，答案是销售收入结构发生了重大变化，来自海外市场的销售收入占比大幅攀升。2010~2012 年，该公司海外销售收入占总销售收入的比重分别是 5%、13%和 22%。也就是说，在销售收入不变的情况下，随着海外销售收入占比的提升，公司的利润出现了大幅度提升。海外市场到底是赚钱还是不赚钱，相信已经一目了然。此外，中国高铁“走出去”还能带动整个产业链销售收入大幅增长，利润总额大幅攀升。

综上所述，中国高铁“走出去”不但赢得了良好的品牌效应，增值无形资产，而且也能够赚取丰厚的利润。不但赢了面子，也赢得了“里子”。

四、是否要“走出去”之争

争论的源头似乎和前几年中国铁建沙特项目亏损有关。2009 年 2 月 10 日，中国铁道建筑总公司旗下上市公司中国铁建与沙特阿拉伯王国城乡事务部签署了《沙特麦加萨法至穆戈达莎轻轨合同》，约定采用 EPC+O/M 总承包模式（即设计、采购、施工加运营、维护总承包模式）施工完成沙特麦加轻轨铁路项目。中国铁建曾在公告中称，该项目在实施过程中，因实际工程数量比签约时预计的工程量大幅增加等原因，公司管理层预计该项目将发生大额亏损。

据第一财经日报报道，截至 2010 年 10 月 31 日，按照总承包合同金额（66.5 亿沙特里亚尔）确认的合同预计总收入为人民币

120.51 亿元，预计总成本为人民币 160.45 亿元，另发生财务费用人民币 1.54 亿元，项目预计净亏损人民币 41.48 亿元，其中已完工部分累计净亏损人民币 34.62 亿元，未完工部分计提的合同预计损失为人民币 6.86 亿元。

由于当地的政治、文化等客观因素存在及公司在与沙特方面当时签署《沙特麦加萨法至穆戈达莎轻轨合同》的时候草率，并没有进行全面调查，直接导致此后在工程实施过程中，沙特方面不断提出增加工程量的要求，甚至提出新的功能需求，而双方此前在合同中却并没有针对这个项目列出详细的工程量。为了将整个项目完成，中国铁建不得不赔本继续推进项目工期。

2011 年 1 月 21 日，中国铁建与中国铁道建筑总公司签署《关于沙特麦加轻轨项目相关事项安排的协议》，约定自 2010 年 10 月 31 日后，中国铁道建筑总公司行使及履行中国铁建在该项目总承包合同项下及因总承包合同产生的所有权利义务，并向本公司支付人民币 20.77 亿元的对价；同时中国铁建不再承担或享有该项目于 2010 年 10 月 31 日后发生的亏损或盈利。中国铁建在沙特项目造成亏损高达 41.48 亿元。为了减少上市公司股东的损失，中国铁建将这个项目的风险和损失转嫁给了母公司中国铁道建筑总公司，国家将为这个巨大的失误“埋单”。

如此看来，中国铁建沙特项目巨额亏损的教训，与签合同的草率及未全面调查有关，与合同的正确履行有关。在汲取教训的同时，并不应该视其为“走出去”的反面教材。教训应该汲取，但以此作为中国高铁不应“走出去”的案例，实在有失公正。

与高铁“走出去”有关的另一个案例是墨西哥突然取消中国高铁合同，舆论普遍认为海外项目风险较高。继中国铁建投标墨西哥高铁项目宣布中标后，墨西哥突然撤销中国公司的高铁中标权。受此消息影响，中标单位中国铁建 A、H 股齐跌，其中 A 股大跌 4.94%，报收 6.73 元，H 股亦大跌 5.76%，报收 8.02 港元。一同中标的中国南车因筹划合并事宜处于停牌期，未能在股价上有所反应。其他相关股票联动影响较大。舆论一片哗然，认为高铁“走出去”风险较高。

中国工程院院士王梦恕在接受媒体采访时表示，对于墨西哥突然取消中国公司高铁中标的消息，还是要“等等看”。如果按国际招投标高透明度来看，中国高铁无论是质量还是造价，均是世界第一，没有竞争对手。应该说，墨西哥高铁项目在中国高铁“走出去”征程中也是个案，受方方面面因素的制约和影响，“走出去”影响因素的制约前已述及，在此不做赘述。

五、轮轨系统与磁悬浮系统之争

高铁建设史上的轮轨系统和磁悬浮系统之争，其系统技术及优缺点前已述及，由于磁悬浮列车具有造价高、高耗电、辐射大、不可靠、环境适应性差等特点，目前磁悬浮系统在实际应用中基本停滞。但磁悬浮技术以其快速、安全、噪音小的特点，并不影响人们对它的深入研究和实验。中国正在研发真空管道磁悬浮技术，时速可达 4000 千米，能耗不到航空客机的 1/10，噪音和废气污染及事故率接近于零，这是真空管道磁悬浮列车的惊人优势所在。

作为新一代磁悬浮列车，真空管道磁悬浮列车将把北京与华盛顿纳入两小时交通圈，用数小时完成环球旅行已经成为科学家努力的目标。中国在此项研究中已经走在世界前列，2007 年，该项目被列为国家自然科学基金项目，由张耀平教授等专家申请的大量相关专利已被受理，一场交通运输革命已经迫在眉睫。真空管道磁悬浮列车的运行速度理论上可直逼第一宇宙速度，达到2万千米。西安交通大学相关尖端实验室对新一代磁悬浮列车的科研、实验也是快马加鞭，成果频传。

比较发现，高铁发展的轮轨系统和磁悬浮系统之争，以其优缺点各见，争论只是过程。科技飞速发展，高铁技术和建设也必将日新月异。争论必有公论，现实和发展最有说服力。

有关高速铁路的争论，除了上述之外，还有我国高速铁路建设是否需要这么大规模等争论，由于这些争论和我国高速铁路走出去的关联度不大，在此不再论述。

第二节　高铁发展趋势与展望

尽管目前针对高铁发展的争论很多，有些争论甚至是全球性的争论，但高铁的发展还是越来越受到世界各国的重视，呈加快发展之势已是不争的事实。奥巴马竞聘美国总统时就以中国为例，许诺在美国发展高铁，圆美国人的“高铁梦”；印度总理莫迪上台之前也以中国为例，表示要在印度建设高铁。其他国家也一直都盯着中国的高铁。全球呈现出高铁大国发展高铁的热情，尚未建设高铁的国家都想圆自己的“高铁梦”。在中国高铁蓬勃发展的激励下，美国、俄罗斯以及澳大利亚、沙特、巴西等国家都纷纷制订了自己的高速铁路发展计划，甚至规模空前。中国高铁建设及运营之所以引起其他大国的强烈反应，就是因为高铁以其成熟领先的技术和业绩已经成为代表中国当代工业竞争力的一个元素，中国高铁的发展正在改变国际国内政治经济的基本格局。高铁的发展呈现较为明显的趋势与方向。

一、高铁发展趋势

在高铁发展技术方面，研发方向包括：

（一）免传动

免传动理论和方法是通过永磁同步牵引电机直接驱动高铁列车，取消了齿轮传动装置，以提高能效。永磁同步牵引电机直接驱动的优点是：永磁牵引转速稳、效率高、体积小、重量轻、噪声低、可靠性高，节能可达 10%以上。比如说，一辆原来需要 6 动 2 拖的高铁列车，在采用永磁同步牵引系统后，可以实现 4 动 4 拖，从而节省 2 辆动车的牵引系统成本。目前，永磁同步牵引电机直接驱动系统已成为下一代列车牵引系统主流研制方向。

（二）免供电

免供电理论和方法是以石墨烯超级电容作为动车电源，取消原来的供电系统和线路。以石墨烯超级电容作为动车电源的优点是：取消现在高铁列车的车顶供电电缆，从而大量节省建设成本，而且更为环保节能。当前开发及应用现状是：2014 年 12 月 31 日，由中国南车株洲电力机车有限公司研发的世界首列石墨烯超级电容有轨电车在广州投入试运营，应用效果良好。目前，能够保证高铁运行的石墨烯超级电容是高铁列车免供电的研发方向，随着技术的进步及研发进展，石墨烯超级电容作为动车电源，高铁列车免供电预计能在 10~20 年内实现。

（三）免轮轨

免轮轨是中国正在研发的真空管道磁悬浮技术，时速可达 4000 千米，能耗不到航客机的 1/10，噪音和废气污染及事故率接近于零，这是真空管道磁悬浮列车的惊人优势所在。

作为新一代磁悬浮列车，用数小时完成环球旅行已经成为科学家努力的目标。首先将真空管道磁悬浮概念引进中国的科学家是毕业于西南交通大学的张耀平，他在2007年成功申请国家自然科学基金项目“真空管道高速磁浮交通基础研究”，并得到了政府层面的资助。目前，张耀平教授等专家申请的大量相关专利已被受理，相关人员在西安专门组建了真空管道运输研究所，正全力推进这一“运输革命”进入现实，一场交通运输革命已经迫在眉睫。张耀平称，自己的团队克服了真空管道在建设中的实际障碍，“例如，管道与管道之间的接头处必须密封严实。另外，管道沿线有许多抽气泵站，还要为维修、检查以及紧急情况预留能打开的开口，在真空管道运输系统正常工作时，这些开口都密闭，必须保证不漏气。在沿线各车站车辆进出主管道的空气锁部位，系统连续运行时少量漏气不可避免，但闭合时的密封一定要可靠，达到相应的密封要求。管道中是真空状态，而在其中运行的磁浮车辆中必须是适宜人乘坐的大气环境，因此车辆必须具有良好的密封。”真空管道磁悬浮列车的运行速度理论上可直逼第一宇宙速度，达到2万千米。《北京青年报》的报道称，乘坐真空管道磁悬浮列车从北京出发到华盛顿，只需要1个小时。2010年5月，上海《新闻晨报》报道称，中国真空管道运输研究已经走在世界前列。

真空管道设想是1922年德国工程师赫尔曼·肯培尔在提出磁浮列车概念时同时提出的。“真空管道运输”这个商标名称则是机械工程师达里尔·奥斯特（Daryl Oster）于20世纪90年代提出并于1997年获得专利。自那时起，奥斯特一直想方设法寻找投资人帮助他建设这种运输系统。真空管道运输（Evacuated Tube Transport）技术原理是在地面或地下建一个密闭的管道，用真空泵抽成真空或部分真空，在这样的环境中开行车辆（不一定是磁浮列车），是一种无空气阻力、无摩擦的运输形式，这样行车阻力就会大大减小，可有效降低能耗，同时气动噪声也可大大降低，符合环保要求。目前，真空管道运输仅处在理论研究阶段，在世界范围内尚无实质性的技术研究。

美国科学家马斯克 2013 年 8 月 12 日公布真空管道运输——超级环设想，并且准备用 7 年时间，建成旧金山到洛杉矶准真空（气压 100 帕）超级环管道运输。造价 60 亿美元（高铁 684 亿美元），速度可达 4801 千米/小时（高铁 264 千米/小时），耗时 10 分 26 秒（高铁 2 小时 38 分、飞机 1 小时 15 分、汽车 5 小时 30 分），票价 20 美元（高铁 105 美元）。

但真空管道技术的研究和发展也遭到了一些学者、院士的质疑。他们认为真空管道技术有一定科研价值和发展前景，但要实现并不容易。例如，沈志云院士说，真空管道技术自 1922 年德国工程师赫尔曼·肯培尔提出设想至今，在世界范围内连真正意义的、像样的试验研究都没有，有的只是一些设想方案。“不少人热衷于把这些纸上谈兵的东西申报专利，组建公司，成立研究所，出版书籍，而不去认真探讨为什么不能实现。”

二、世界高速铁路发展展望

（一）大力发展城市间高速铁路

在日本，按照国家高速铁路规划，其早期目标就锁定了建造连接大城市之间的高速铁路。特别是 1971 年日本国会审议并通过了《全国铁道新干线建设法》后，掀起了城际高速铁路建设的浪潮。1975 年山阳新干线通车营业，列车最高时速 270 千米；1982 年和 1985 年上越新干线和东北新干线相继通车营业，列车最高时速 240 千米；1997 年长野新干线通车营业，列车最高时速

260 千米。法国、德国等欧洲国家在日本成功经验的启发下也加快发展城市间高速铁路。1983 年 9 月，法国建成列车最高时速 270 千米的巴黎至里昂 TGV 东南线。1989 年和 1990 年，法国又建成巴黎至勒芒、巴黎至图尔的大西洋线，列车最高时速达 300 千米。1993 年，由巴黎经里尔穿过英吉利海峡隧道通往伦敦并与比利时布鲁塞尔、德国科隆、荷兰阿姆斯特丹相连的 TGV 北欧线开通，这是一条重要的连接国际城市间的通道。

（二）连线成网

目前欧洲各国已经建成和正在修建的高速铁路，基本上都是各自独立的，今后将发展沟通成国内、国际间的高速铁路网，并与既有线相衔接；提出了“速度比小汽车快一倍，票价比飞机便宜一半”的目标，以充分发挥其优势。由于这将涉及欧洲共同体的十几个国家，因此在轨距、信号、供电、机车车辆等技术设备方面都制定了统一的标准，使欧洲的高速铁路网不仅是各国高速铁路的总和，而且能形成一个综合型整体。届时欧洲将出现世界上最方便、最经济的地面高速运输系统，欧洲各大陆城市间都可通过高速铁路连接起来，并还将向亚洲延伸，形成洲际的高速铁路网。

（三）各国越来越重视高速铁路与地铁和城市铁路实现无缝连接

在欧洲、韩国、日本等国，其密集的高铁路网与地铁和城市铁路之间充分考虑了无缝连接的方式。这是因为，在缺乏城市内部地铁和铁路基础设施的情况下，会严重影响到高速铁路的客流量和利用率，这就像具有密集高速公路和通畅的市内道路会推动驾车旅行一样。例如，日本大城市连接高速铁路的轨道交通，其每天人均使用量名列世界前茅，每年换乘旅客量高达 60 亿人次。

相比之下，航空系统 2006 年世界旅客总量仅为 44 亿人次。又如，欧美各国在修建高速铁路之初，就确定了高速列车可在高速铁路与普通铁路上运行的技术政策和组织模式。因此，目前法国高速铁路虽然刚刚超过 1200 千米，但是 TGV 高速列车的通行范围已达 5900 千米以上，覆盖了大半个法国，成为通勤工具。美国的加州高速铁路圣地亚哥线和得克萨斯州高速铁路都致力于打造一个创新的多式联运走廊。

（四）各国高速铁路发展规划充分考虑地区经济发展

在欧洲，一些新的高速铁路线路计划主要着眼于开放以前孤立不发达地区的经济快速发展。例如，马德里至塞维利亚高速线、阿姆斯特丹至格罗宁根高速线，规划中所连接的相关城市可能会促使其人口的增加和当地经济的发展。又如，法国铁路部门对运输市场进行细分，主要目标瞄准在商务旅游市场领域，大力开发包括酒吧车在内的商旅高速列车，扩展连接大西洋和地中海的度假海滩以及法国和瑞士的主要高山滑雪胜地，不仅可拉动旅游业、娱乐业经济发展，还能更有效地与航空运输竞争。

正由于高速铁路在资源、环境的可持续发展战略上占据明显的优势，发展高速铁路在国际上已形成共识。在全世界范围内，高速铁路正在如火如荼地建设之中，铁路这个昔日的“夕阳企业”，必将因高速铁路的发展重新焕发光彩。

第六章

创新与不足

本书观点鲜明，论点明确，资料收集充分，论证旁征博引。在高铁是否要发展的价值取向和如何发展的多视角综合考量方面都有所创新。对当前加快我国高速铁路建设，扩内需、稳增长及实施“走出去”倡议，“一带一路”倡议的实现，提出了笔者的想法。

不足之处在于：

一、文章描述性的内容偏重，而理论的阐述较少

众所周知，高速铁路具有区域经济、网络经济、范围经济和规模经济的特点。

区域经济（Regional Economy）是在一定区域内经济发展的内部因素与外部条件相互作用而产生的生产综合体，以一定地域为范围，并与经济要素及其分布密切结合的区域发展实体。区域经济反映不同地区内经济发展的客观规律以及内涵和外延的相互关系。“区域经济”涉及国际关系中经济发展和经济量的时空关系、分布状况及其运行机制和运行轨迹；世界经济现象与地理关系、地缘区位之间的相互作用及其规律；地理现象、地缘关系对国际

社会经济文化的互动作用和影响；为当代各国国际战略、区域经济和文化发展战略提供理论依据，为经济、文化开发、设计、规划提供全方位的理论依据。高速铁路具有很强的区域经济性，我国高速铁路的建设和运营也充分证明了高速铁路的区域经济性。所以，区域经济理论是支撑高速铁路建设的经济理论之一。网络经济和范围经济，也是支撑高速铁路发展的经济理论。

网络经济主要是指电信、电力、能源、交通运输等网状运行行业构成的产业群体。网络经济学者认为，网络经济已经成为规模经济或范围经济，其经济运作往往涉及一个国家的范围，甚至跨越国界，把几个国家或一个巨大的区域联结在一起。

范围经济（Economies of Scope）指由厂商的范围而非规模带来的经济。之所以有的国家的高速铁路效益和优势不够明显，其原因之一是没有实现高速铁路的网络化。我国“一带一路”倡议，以及我国高速铁路网的建设，从某种意义而言，也是基于网络经济和范围经济理论的指导。

规模经济（Economies of Scale）是指通过扩大生产规模而引起经济效益增加的现象。规模经济反映的是生产要素的集中程度同经济效益之间的关系。规模经济的优越性在于：随着产量的增加，长期平均总成本下降的特性。但这并不仅仅意味着生产规模越大越好，因为规模经济追求的是能获取最佳经济效益的生产规模。对于高速铁路来说，没有一定的规模，是没有经济效益的。毫不隐晦地说，上述经济理论是研究我国高速铁路建设和发展的重要的理论支撑。但由于文章的重心在高速铁路的建设，而且核心是扩内需、稳增长及实施“走出去”倡议和“一带一路”倡议的实现，而不是对这些理论的阐释和应用。当然，从理论分析的角度看，这也是缺憾。

二、使用了一定的笔墨描述和分析了高速铁路的技术，而在高速铁路“走出去”的探讨中对其应用的分析不够详细和深入

2010年3月13日，原铁道部负责人在接受媒体集体采访时表示，我国高速铁路的工程建造技术、高速列车技术、列车控制技术、客站建设技术、系统集成技术、运营维护技术不仅达到了世界先进水平，而且形成了具有自主知识产权的高速铁路成套技术体系，目前已申请中国专利946件。2015年6月24日的中国知识产权报，发表题名为“中国高铁：专利作支撑加快‘走出去’”的文章指出，近年来，中国南车的技术研发投入已占销售收入的7.86%，已提交4000余件中国专利申请，其中一半以上的专利申请已授权，并以发明专利居多。了解高速铁路的技术，尤其是浩如烟海的专利技术，即使是中国工程院院士也力所不及。同时，专利技术和专有技术的核心内容都是保密的。另外，对于国外高速铁路的技术，笔者知之甚少，也可以说是一无所知。根本没有能力，也没有办法将我国的高速铁路技术与国外的进行深入详细的比较，所能述及的只能是我国高铁运行速度刷新了世界纪录之类。

参考文献

［1］高铁见闻. 高铁风云录［M］. 长沙：湖南文艺出版社，2015.

［2］陈安娜. 我国高铁“走出国门”的机遇与挑战［J］. 商业时代，2014（17）.

［3］沈丁立. 这一年，“一带一路”叫响世界（望海楼）［N］. 人民日报海外版，2014-12-26.

［4］孙春芳. 中国高铁接轨“一带一路”倡议力促互联互通. 21 世纪网，2014-12-17.

［5］习近平. 弘扬人民友谊共创美好未来［D］. 习近平主席在哈萨克斯坦纳扎尔巴耶夫大学发表的重要演讲，2013-9-7.

［6］习近平. 携手建设中国—东盟命运共同体［D］. 习近平主席在印度尼西亚国会发表的重要演讲，2013-10-3.

［7］高铁见闻. 中国青年报［N］. 2015（3）.

［8］“高铁效应”助力国民经济提升［EB/OL］. 中华铁道网，2015-10-10.

［9］马文景. 中国高铁走向世界的比较优势分析［D］. 西南交通大学土木工程学院博士学位论文，2015.

[10] 中国铁道建筑报（国内统一刊号 CN11-0225，网址：www.crcn.com.cn）.

[11] 人民网、新京报、京华时报、证券时报、证券日报、每日经济新闻等相关报道.

[12] 高柏、玛雅. 中国高铁与“一带一路”倡议的大智慧[J]. 决策与信息，2015（4）.

[13] 中国交通运输专题系列（China Transport Note Series）[EB/OL]. 中华铁道网，2015-10-10.